RELATOS E MEMÓRIAS DE UMA ANALISTA SÊNIOR

SÉRIE ESCRITA PSICANALÍTICA

Clínica psicanalítica: testemunho e hospitalidade, de Marcio Giovannetti

Alma migrante, de Plinio Montagna

Uma imagem do mundo: realidade e imaterialidade, de Walter Trinca

A posteriori, um percurso, de Marion Minerbo

Passado e presente, de Ana Maria Andrade Azevedo

Psicanálise: de Bion ao prazer autêntico, de Cecil José Rezze

Análise, teimosia do sintoma e migração, de Daniel Delouya

Caminhando pela psicanálise, de Myrna Favili

Psicanálise clínica: novas descobertas, novos conceitos, de Marisa Pelella Mélega

Inconsciente: nuvem infinita, Ignacio Gerber

Blucher

RELATOS E MEMÓRIAS DE UMA ANALISTA SÊNIOR

Maria Olympia de Azevedo Ferreira França

Série Escrita Psicanalítica

Coordenação: Marina Massi

Relatos e memórias de uma analista sênior

1ª edição – Blucher, 2024
Editora Edgard Blücher Ltda.

Publisher Edgard Blücher
Editor Eduardo Blücher
Coordenador editorial Rafael Fulanetti
Coordenação de produção Andressa Lira
Produção editorial Juliana Morais
Preparação de texto Samira Panini
Diagramação Plinio Ricca
Revisão de texto Cristiana Gonzaga Souto Corrêa
Capa Leandro Cunha
Imagem de capa Helena Lacreta

Blucher

Rua Pedroso Alvarenga, 1245, 4º andar
04531-934 – São Paulo – SP – Brasil
Tel.: 55 11 3078-5366
contato@blucher.com.br
www.blucher.com.br

Segundo o Novo Acordo Ortográfico, conforme 6. ed. do *Vocabulário Ortográfico da Língua Portuguesa*, Academia Brasileira de Letras, julho de 2021.

Dados Internacionais de Catalogação na Publicação (CIP)
Angélica Ilacqua CRB-8/7057

França, Maria Olympia de Azevedo Ferreira
Relatos e memórias de uma analista sênior / Maria Olympia de Azevedo Ferreira França. – São Paulo : Blucher, 2024.
256 p. (Série Escrita Psicanalítica / coordenação de Marina Massi)

Bibliografia
ISBN 978-85-212-2006-0

1. Psicanálise I. Título II. Série

24-0476 CDD 150.195

Índice para catálogo sistemático:
1. Psicanálise

Sobre a Série Escrita Psicanalítica

O projeto de uma série com livros de autores da Sociedade Brasileira de Psicanálise de São Paulo (SBPSP) é fruto da pesquisa de doutorado Trinta anos de história da *Revista Brasileira de Psicanálise: um recorte paulista*. Nessa tese, abordei os artigos publicados na revista, de 1967 a 1996, por psicanalistas da SBPSP.

Entre os vários aspectos que pude observar, destacou-se a necessidade de organizar a produção psicanalítica dessa instituição, de seus primórdios aos dias atuais, divulgada em revistas especializadas, atividades científicas ou aulas ministradas nos institutos de formação, com influência sobre diversas gerações de profissionais ligados à International Psychoanalytical Association (IPA).

A Série Escrita Psicanalítica tem justamente a ambiciosa proposta de reunir, organizar, registrar, publicar, divulgar e consolidar a produção dos pioneiros e das gerações posteriores da SBPSP. Busca também retratar, para a própria instituição, o que nela foi construído de importante desde a sua fundação. Conta, assim, a história da SBPSP pelo veio da produção e da criação psicanalítica.

Esta série lança um olhar para o passado, pois organiza o que de melhor já foi feito, e um olhar para o futuro, pois transmite a fortuna da SBPSP não só como memória, mas como um importante material de estudo para os diferentes institutos de formação psicanalítica e cursos de pós-graduação no Brasil, além de para o público interessado.

Ao promover uma leitura da história das ideias psicanalíticas – uma leitura crítica, comparada – e, ao mesmo tempo, permitir que os psicanalistas aqui apresentados sejam considerados enquanto autores, produtores de ideias e teorias, a série possibilita sair do campo transferencial institucional e passar ao campo das ideias, da reflexão, do debate, para além da pessoa do psicanalista.

A ciência e a arte necessitam de organização (ou curadoria) da contribuição que o ser humano foi e é capaz de oferecer. Espero que esta série cumpra o objetivo de ser a história das ideias de muitos colegas brasileiros no âmbito da IPA, alguns infelizmente não mais entre nós, outros ainda em plena produção.

Marina Massi

Coordenadora da Série Escrita Psicanalítica

Conteúdo

Prefácio

Elias Mallet da Rocha Barros

Ao ser convidado para escrever o prefácio do livro de Maria Olympia de Azevedo Ferreira França me senti honrado e diante de uma tarefa extensa, como a vida e a contribuição da autora.

A vida de Maria Olympia se confunde com a da Sociedade Brasileira de Psicanálise de São Paulo. Foi Diretora Científica e durante seu mandato foi responsável por um dos períodos mais fecundos dessa casa, tendo organizado encontros com importantes analistas do cenário psicanalítico internacional e nacional. Dentre os de fora do Brasil, convidou Donald Meltzer e Ana Alvares, que conduziram seminários memoráveis posteriormente publicados em livros que receberam indicação para o Jabuti. Ao longo de um período anterior, participou ativamente das reuniões de reorganização do currículo e, junto com Carlos Eva, Sonia Azambuja, Paulo Duarte e Joana Wilhein, redesenhou o estudo de Freud em nossa instituição, algo que está vigente até hoje. Também colaborou ativamente para o desenvolvimento do Núcleo Psicanalítico de Araçatuba, com Glaucia Furtado. Foi igualmente Editora do Jornal de Psicanálise junto com Elizabeth Rocha Barros.

Ao examinarmos os trabalhos inseridos neste livro observamos a presença de uma temática variada que inclui suas reflexões sobre as vicissitudes do sofrimento psíquico em suas expressões de vazio vital, destrutividade, incapacidade de tolerar a solidão, de lidar com o envelhecimento e do fazer em face dos desafios da sexualidade. Também trabalha a preocupação com a cultura e suas manifestações literárias, os processos de constituição do homem na modernidade, da própria modernidade e seus reflexos no psiquismo, suas implicações éticas e seu papel na constituição da subjetividade. É de muito importância, a meu ver, suas reflexões sobre a Instituição Psicanalítica e o longo e difícil processo de formação de um analista.

Aprofundando-nos em sua bibliografia, vemos quão ampla e variada são suas fontes. Vão desde autores literários, como Graciliano Ramos, Ítalo Calvino e Leopardi, sociólogos, críticos da cultura, como Paulo Rouanet, George Bataille, Sartre, Sorokin, Morin, Forrester, Giddens e Debord, filósofos, como Feuerbach, Emilia Steuerman, Nietzsche e outros. No campo psicanalítico conhece muito bem nossos autores de base, Freud, Klein, Bion, Winnicott, além dos contemporâneos Ogden, Green, Ferro, Britton, Segal, Betty Joseph, Spillius, e não deixa de lado autores brasileiros importantes, nossos colegas que conhece bem e os cita.

É difícil escolher quais de seus trabalhos mencionar e/ou hierarquilizá-los em importância, dada sua amplitude de interesses.

É bela sua análise do personagem Fabiano de *Vidas Secas* (Graciliano Ramos), associando-o ao trabalho de Nietzche *O Homem a sós consigo*. Fabiano é mostrado em sua face de "fingidor", quando obedece e volta atrás a seu patrão, dando a impressão que faz aquilo para sobreviver em uma natureza empobrecida e em um meio injusto e autoritário. Identifica seu conflito básico com o sentimento de humilhação e diz: "Esse sentimento que todos nós conhecemos na carne e no espírito. Submeter-se, apagar nossa chama de vida, para que a força dos poderosos não nos reduza a pó" (p. 2).

Seu trabalho prossegue mostrando como se pode desperdiçar a força vital da humanidade. Quão atual é sua reflexão quando escrevo este texto diante do monstruoso ataque do Hamas contra a Humanidade nas pessoas de jovens israelenses em nome de um povo palestino oprimido não só pelos conflitos identitários, mas também e talvez, sobretudo, pela ditadura sanguinária do Hamas.

Ao se referir à contribuição psicanalítica para entender o que há de mais traumatizante na existência de Fabiano, Maria Olympia escreve um de seus mais belos parágrafos: "...mais traumatizante é para Fabiano a perda da confiabilidade, a humilhação sofrida pela indiferença afetiva como é tratado do que a dor física propriamente dita, das chibatadas recebidas. Nos recônditos dos galhos secos da catinga, muitas outras feridas ou cortes lhe são impingidos no corpo forte. Mas aí ele é cavaleiro, ele é soberano, ele é gente, a dúvida de ser bicho se lhe dissipa. Ele é gente, ele se determina. Essa dor somente dói, não mata porque ele a sente. Ao expandir sua potência física e psíquica, ao dominar o cerrado, Fabiano tem sua cama, a cama que Vitória desejava como símbolo de não ser escrava. A caatinga representa ele mesmo, o desenvolvimento de sua força narcísica" (p. 4).

Cito esse parágrafo mais longamente porque vejo nele a presença de vários temas e concepções que a autora vai desenvolver em ímpares trabalhos.

Em seu capítulo sobre dor física e dor psíquica, vemos uma nova descrição dessa diferença em termos do impacto que cada uma dessas dores tem sobre a constituição da subjetividade. Maria Olympia mostra que a dor psíquica despersonaliza, destrói o senso do "eu" e os limites da subjetividade. A dor física é sentida, é possuída, é encarnada, por isso se distingue da dor psíquica.

Em vários outros capítulos mostra o caráter traumático da perda de confiabilidade e como esta afeta a estrutura da subjetividade, a construção do sujeito. O trauma nessas circunstâncias é vivido como uma queda em um poço sem fundo, a perda do chão, a destruição da noção de passado, do presente e do futuro. Maria Olympia mostra também em ricos excertos clínicos e depois em sua teorização do que se passou na sessão o efeito devastador da indiferença afetiva. Esta anula o sentimento de existência. A vida para ser vivida necessita ser narrada a outrem, ser ouvida e compreendida. Quando isso não ocorre, e aqui a autora recorre com frequência a Meltzer, o indivíduo é tomado pelo que Bion e Meltzer denominam "terror sem nome". Esse tema é retomado em seu capítulo sobre autismo e de certa forma em seu trabalho descrevendo o homem inacabado, outra de suas contribuições originais pelas ideias e pela beleza do texto.

Essa questão é retomada implícita e explicitamente em seu texto sobre o "vazio interior". O instinto de morte não mata, mantém a pessoa viva sofrendo uma dor psíquica prolongada, no mais das vezes em forma de vazio, de uma "nadificação" da experiência: as relações objetais são destroçadas por intermédio de deformações que instalam um círculo vicioso maligno que destrói a confiabilidade nos objetos e, portanto, aquilo que chamaríamos de autoestima. A cor da vida desaparece. Essa contribuição traz em si o esboço de um outro trabalho no qual mostra que a falta de afeto é desvinculante e ao sê-lo faz com que desapareçam as bases sobre as quais se sustenta o psiquismo.

O artigo Eclipse da inteligência: burrice emocional (que fará parte de uma nova publicação), cujo título já fala por si,é imperdível em nossas discussões sobre o que vemos ocorrendo no mundo. Diz ela, sumarizando o que tem sido existir para uma parcela da Humanidade, infelizmente cada vez maior: "A realidade externa tenderá a ser enfastiante, com sentimento de vazio, inutilidade e desaponto. Como defesa poderão surgir 'arremedos' de afetividade, 'caricaturas de conhecimento' e 'estereótipos de alto valor' com a procura de poder esvaziado de significação" (grifos meus). Sérgio Rouanet se deliciaria com esse parágrafo.

Vários são seus *trabalhos* sobre a formação analítica. Maria Olympia mostra a importância da base freudiana sem a qual as contribuições posteriores de Klein, Bion e Winnicott ficam empobrecidas. Klein é descrita em vários contextos na linha de Wallenstein, como uma autora radicalmente inovadora e profundamente conservadora. Aliás, o bailado entre a radicalidade inovadora e o conservadorismo, no bom sentido, permeiam boa parte das posturas presentes neste livro.

É curioso, desafiante e bonito seu trabalho sobre o corpo na contemporaneidade. Tão saboroso é um dos subtítulos deste livro: "Filho da Barbárie, Orfandade dos Potenciais Humanos". Que bela síntese da representação do corpo na contemporaneidade! Este trabalho serve de base para muitas reflexões sobre o identitarismo, tão em voga hoje e que tanto propicia que tomemos a parte pelo todo, dificultando a proposição de um projeto que abarque toda a humanidade.

Este livro de Maria Olympia de Azevedo Ferreira França me trouxe à memória o título da biografia de Pablo Neruda: *Confesso que vivi*.

Podemos dizer que nossa autora viveu plenamente uma vida, marcou sua presença e deixa uma herança sobretudo de lealdade a seus ideais.

Ao Luis, Clovis, Carlos, Marcos e Henrique pela valorização e entusiasmo que sempre demonstraram pelo meu trabalho analítico.

Aos meus netos, Mathias, Tomaz, Raphael, Julia, Pedro, e em especial, ao Joan Frederic, também psicólogo e agora diplomata, pelas muitas trocas de ideias sobre o sentido da psicanálise.

Aos meus analistas, Breno Ribeiro, Gecel Sterling, Lea Bigliani, e supervisores, Virginia Bicudo, Deocleciano Alves, Frank Philips e Elias Rocha Barros pela transmissão valiosa de seus conhecimentos.

Aos meus pacientes, pela confiança que depositam em mim e possibilitam conhecer a rica diversidade da alma humana.

Às minhas secretárias, Lea da Costa e Edilene de Jesus, pela ajuda fundamental em meu consultório.

1. Freud, pensador contemporâneo?[1] Uma questão a refletir

No mundo não há qualidades, apenas massas em movimento, que se embatem continuamente. As qualidades são uma criação humana, embora estas não sejam arbitrárias.

(Freud, 1895)

É realmente assombroso que o inconsciente de um homem possa reagir ao inconsciente de outro homem, contornando o consciente.

(Freud, 1915)

A citação de 1895 aponta para um Freud que pensa o ser vivente tanto como uma massa em movimento, como aquele capaz de criar qualidades para seus primeiros componentes, instintos, pulsões e o sensório. Designa como criação do Homem a qualidade dos valores morais e éticos, considerando-os fundamentais para a constituição e desenvolvimento do psíquico humano. Essas qualidades são transmitidas pelas gerações, pelos encontros individuais, sociais e culturais, formando o corpo civilizatório. O postulado de 1915 dirige-se para

1 Artigo original de 1999.

o mais "assombroso" do psíquico humano, a comunicação entre inconscientes. Essa descoberta será a semente de toda sua Teoria. Muitas vezes a experiência emocional vivida pela dupla é vista como algo novo na técnica clínica desde que substituiu o "causa e efeito". Engano. "É realmente assombroso que o inconsciente de um homem possa *reagir ao inconsciente de outro homem, contornando o consciente*" [...]. Essa percepção revela a importância dada por Freud ao significado inconsciente de uma experiência emocional a dois.

Freud mostra em seus trabalhos culturais "*Mal-estar na Civilização*", "*Moisés e o Monoteísmo*" e "*Psicologia das Massas*", como tão bem formulou José Castello (1994) que, "sem um olhar que transcenda a realidade, sem um voo sobre o real, o Homem cai na agonia, na atomização e no pânico. Perde sua própria humanidade". Esses artigos nos asseguram mais uma vez que na concepção freudiana o Homem não se constrói apenas pela imanência, mas precisa desenvolver o transcendente. É pela interação dessas duas vertentes que irá se encontrar como autor de si mesmo.

> *Sem a cultura não nos diferenciaríamos dos animais, e o Homem se tornaria o mais desprotegido que o mais desprotegido de todos os animais, por não ser um animal cujos passos estão delimitados pelas regras de um impulso espontâneo e alheio à razão (Jurandir Freire, 1999).*

Como alicerce das reflexões a serem apresentadas está o seguinte pressuposto: em todas as teorias, sejam as exatas ou humanistas, podemos encontrar a concepção de seus autores do que seja a natureza humana, ainda que as teorias se diferenciem entre os pensadores. No legado de Freud a concepção é bastante clara sobre o que seja tornar-se um Homem. Para pensarmos Freud como autor contemporâneo ou não, examinarei suas proposições teóricas/clínicas em três contextos:

– Descobertas sobre a constituição e a organização do desenvolvimento psíquico, tendo como elemento fundante o Inconsciente.

– Uso da Psicanálise como instrumento terapêutico e enquanto tal promove crescimento psíquico. Ambos são vistos como suportes em face do inexorável desamparo humano.

– A importância dada à participação e ao lugar de valores éticos/morais na estruturação mental. Para esse quesito será importante refletirmos sobre o que para Freud é um Valor.

Esses três vértices de reflexão visam a separar e distinguir em sua obra: o filósofo, seu legado teórico e suas propostas clínicas, exame que se faz necessário para pensarmos a atualidade de sua obra.

1. A descoberta de que existem movimentos que movem o Homem e que estão aquém de seu conhecimento consciente é por demais antiga. Contudo, a grande contribuição de Freud foi referir-se ao desvendamento do inconsciente, ainda que parcial, para a aquisição de funções psíquicas e da própria subjetividade. Refiro-me à sua descoberta do Inconsciente como a mola fundamental das ações humanas, algo bastante instigante para a época e ainda, como ao fato decorrente de sermos constituídos de "vários Eus". Na época, suas descobertas foram bastante atacadas e questionadas. Freud criou inimigos. No entanto, suas contribuições básicas para o conhecimento e acesso ao inconsciente nunca foram refutadas ou desqualificadas por nenhum pensador, por mais que suas teorias sejam contrapostas. Entre os pensadores da psicanálise, talvez seja Lacan o autor que mais se distanciou de Freud quanto à estruturação do Inconsciente pela aquisição da Linguagem. Contudo, a descoberta fundamental de Freud permanece na proposta de Lacan: como adquirir a palavra, sem o encontro/troca entre dois Inconscientes?

Os postulados teóricos quanto às tópicas e à dinâmica do inconsciente freudiano foram adquiridos pela observação e experiência clínica. Do ponto de vista metapsicológico, na primeira tópica, o Inconsciente é descrito como um sistema de características específicas: processo primário; ausência de negação, de dúvida, de grau de certeza;

indiferença perante à realidade e regulação exclusivamente pelo princípio de prazer-desprazer. Essa descrição do inconsciente como indicador de manifestações psíquicas e suas subsequentes propostas teóricas mantêm-se na segunda tópica. O pensar psicanalítico contemporâneo se move, quase exclusivamente, dentro dessas postulações freudianas.

2. A primeira técnica clínica proposta por Freud "fazer consciente o inconsciente", calcada sobretudo na causa e efeito, tornou-se em parte obsoleta pelo desenvolvimento adquirido no suceder de suas experiências clínicas. Estas abriram caminhos para conhecer os fenômenos psíquicos sob novos ângulos e nos posicionar em face deles de maneira diversa daquela geralmente praticada por Freud. Refiro-me especialmente ao valor dado atualmente à experiência emocional realizada por dois inconscientes. A qualidade da experiência emocional da dupla tornou-se um norte para "as interpretações" e o abandono de colocações explicativas de causa e efeito por vezes bastante moralistas. As citações de Freud apresentadas no início deste artigo indicam o valor dado por ele ao intercâmbio entre dois inconscientes. Não seria esse intercâmbio a base para reconhecermos a experiência emocional da dupla? Vale lembrar que as teorias de Freud receberam influência do pensamento racional iluminista de sua época, no qual predominava a inteligência como apenas racional. A concepção de uma presente experiência emocional conjunta não era destacada e nomeada como leitura básica do encontro de uma dupla. Seja como for, é preciso reconhecer a insuficiência da teoria freudiana para dar conta de estruturas não somente neuróticas frequentes na clínica atual. As interpretações de cunho racional são menos flexíveis, com pouca abertura para a aceitação do desconhecido. No entanto, se atentos ao todo da teoria freudiana clínica, percebemos que não está sob a égide dessa radicalização limitante. O nível profundo prende-se à conquista e decifração da Subjetividade. "Eu não sei quem eu sou/eu sei quem não sou".

O fator mais significativo nas modificações da técnica e na fidedignidade das observações clínicas foi o aprimoramento da análise individual dos analistas pelo fato de lhes proporcionar o desenvolvimento de suas subjetividades. Fatores de cunho social e descobertas de outras áreas científicas também alargaram a percepção do acontecer clínico. Entre essas influências, destacam-se as descobertas da física quântica, que a conjunção sujeito-objeto está presente em qualquer observação.

O que Freud afirmou é que o Método éque define uma teoria. Essa afirmação nunca foi refutada por pensadores posteriores.

3. Poderia uma teoria dirigida para o desenvolvimento humano não ter em seu bojo valores éticos/morais? Segundo Freud, eles também fazem parte da estruturação mental, sendo importante para o entendimento da Psicanálise teórica e clínica o aprofundamento desta concepção. O que para Freud é um Valor? De que natureza são os valores-estruturantes?

Freud os considera estruturantes do psíquico desde que eles são transmitidos onto e filogeneticamente como representantes do acervo cultural acumulado pela humanidade. Os fatores éticos são assim deterministas e naturalistas, promovendo o desenvolvimento psíquico necessário para a passagem do inconsciente para o consciente.

Freud também sustenta o que chamou de "ação específica" como algo necessário para a estruturação psíquica desde os primórdios da vida. A qualidade dela será modelo de posteriores vivências afetivas com seus objetos. Encontramos nessa concepção o paradigma do naturalismo ético proposto por Freud para a constituição psíquica do Ser. Por intermédio do próximo, o Homem aprende a reconhecer-se, diz ele. Do desenvolvimento da afetividade derivam a responsabilidade, o respeito e a solidariedade consigo e com os parceiros na viagem da vida.

Freud, mais uma vez, é um autor contemporâneo.

2. Vazio interior: pulsão de morte e relações objetais[1]

Seria o vazio interior do Homem uma das vicissitudes de sua complexidade? Complexidade essa que podemos lê-la sob a égide de ter em si a vida e a morte? Confrontar-se com esses dois destinos? Sim, sem dúvida, é sua essência. Na realidade, essas duas pulsões se fundem de tal maneira que a complexidade do Homem só termina com a morte, ou, se ele resolve se tornar "um homem morto".

Nosso tema é por demais vasto e abrangente, sendo sua vastidão e abrangência o que o caracteriza. Se eu não o circunscrever a algumas questões, cairei na tentação onipotente de esquecer o próprio tema de discussão e começar a escrever um Tratado sobre a Vida e a Morte ou sobre o Ser Humano.

Dentre todos os animais, o Homem é aquele que nasce menos programado para sua vida futura. As vicissitudes de seu paradoxo, viver para a vida e para a morte, transparecem desde o nascimento, quando ele já está imensamente dependente da ajuda do objeto externo. A maioria dos outros animais sobrevive sem uma ajuda tão

---

1 Artigo original de 2001.

pontual e diversificada. Para auxiliá-lo também a lidar com suas vicissitudes, o homem tornou-se culto e essa cultura tornou-se social e grupal. Chamamos isso de civilização. É essa a agência que dando suporte aos cuidados maternos auxiliará o homem a lidar com sua pulsão de morte e de vida.

No plano erótico, o homem abrirá mão do incesto em benefício da sexualidade exógena, "da perversidade polimorfa" em benefício da genitalidade, e da promiscuidade em benefício da monogamia. Renunciará à gratificação indiscriminada de seus impulsos agressivos. Os impulsos que o levam a "matar" ou afastar-se de seus vínculos construtivos serão reprimidos ou sublimados. Auxiliado pela satisfação inerente à construção de relações construtivas, o homem poderá vencer seu vazio interior, seu desamparo, ambos inerentes à vida humana.

Esse vazio que é a marca do ser finito que o Homem é, oferece-lhe, por um lado, talvez como prêmio, a satisfação consistente de coparticipação de seu desenvolvimento, e, por outro, o ônus dessa coparticipação, isto é, em algo tão complexo como o desenvolvimento de sua consciência, seu auto e heterorrespeito, repleto de paradoxos, dúvidas, ambivalências, frustrações e limitações. Esses aspectos, que fazem parte de sua fragilidade e impotência, são, ao mesmo tempo, os desafiantes para saber da arte de viver. Esse desafio é sem dúvida a resultante mais expressiva do jogo sempre contínuo do desejo do Homem de, por um lado, estabelecer vínculos objetais que alimentem seus aspectos de vida e, por outro, da carga de morte que carrega consigo cuja expressão talvez mais significativa seja a de romper ou nunca conseguir estabelecer relações satisfatórias.

Nós sabemos que as Pulsões de Vida e Morte são para Freud a base de sua teoria. Poderíamos ficar por aí e tomar como fato consumado que a natureza da mente humana é complexa por ela mesma, e que fatores, como o ódio e o amor, a ambiguidade, o paradoxo e a incerteza, fazem parte de seu bojo. Dessa complexidade viriam as diferentes vicissitudes de cada indivíduo e de seu grupo. Entretanto, podemos também nos indagar sobre a gênese das tão diferentes expressões mentais, levando em consideração os estudos psicológicos, sociológicos e antropológicos. Esses, sem exceção, demonstraram que, sem a interação humana, ou seja, o estabelecimento de relações objetais internas e externas, protótipo da complexidade humana, o desenvolvimento mental do *Homo sapiens* é impossível. São conhecidos os casos de "crianças lobos", que permaneceram em um nível animal de mentalidade e moralidade porque, afastadas ao nascer de seu meio sociocultural, conseguiram sobreviver apenas biologicamente. Suas condições sensitivas e perceptivas (memória, linguagem, moralidade etc.) só podem crescer em um meio social.

Sem dúvida, o vazio interior do Homem, assim como seu potencial para a renovação e as decorrentes vicissitudes, advêm da interação biopsicossocial. A lente microscópica do conhecimento psicanalítico, tanto teórico como clínico, cada vez mais se aproxima da relação mútua e viva do par analítico, por encontrar aí a fonte e o balizamento de suas descobertas – sua galinha dos ovos de ouro.

Penso ser impossível esquecer que, no trabalho do psicanalista, estão inseridas as categorias do individual, do social e do cultural, seja em uma micro ou macro visão, pois essas categorias são o tripé das diferentes organizações e expressões emocionais-mentais do Homem. Não podemos lidar com a mente humana se nos esquecermos que suas relações objetais são construídas a partir de modelos de identificação advindos desses três planos de interação.

Trago agora palavras textuais de Sorokin (1968), cientista social de nossos tempos:

> *Sem grupos organizados e diferenciados, as invenções do homem não poderiam ocorrer em grau considerável. Menos ainda poderíamos ter conservado as nossas invenções. O tipo destas em qualquer época dada é determinado pela natureza da estrutura social e dos sistemas culturais.*

É nesse contexto que enfrentamos a Pulsão de Morte constantemente em ação para que as relações objetais construtivas não se estabeleçam.

Penso que o mesmo acontece com os avanços tecnológicos. Passarei, então, a centralizar minhas considerações em torno desse ponto, pelo qual, atualmente, mais se expressa a inventividade e a destrutividade humana. A voz do povo muito já se manifestou a respeito dele: *"Coisa divina ou do diabo"; "salvação ou danação da gente..."; "mentira... o homem não foi à Lua..."*.

Pois foi. Talvez por poder, talvez por lazer. Talvez por vida, talvez por morte.

Não posso nesse momento deixar de lembrar o momento que vivemos. Barbárie *versus* civilização. Oxalá o psicanalista possa contribuir nessa imensa tarefa. Trabalhar tentando levar ao Homem individual subsídios para minorar seu sofrimento, e à civilização, algum conhecimento das forças que agem sobre ela. Relações mais verdadeiras, menos levianas e hipócritas talvez possam se salvar da inundação dos fatores destrutivos de morte que grassam pelo mundo atual.

As estatísticas e a contracultura dos anos 1960 previram, para o final do milênio, trabalhadores dispondo de tempo de lazer, melhor qualidade de vida pela racionalidade e aumento da produtividade que a tecnologia traria. Essas previsões não se realizaram. O Homem continua seduzido pela procura de sinais evidentes de reasseguramento da sua identidade e status psicossocial. Ora, o lazer, a não ser talvez nos velhos tempos greco-romanos, não é, por si só, um sinal evidente de poder, prestígio e riqueza: está ligado à área psíquica do Homem, e é por aí que se pode obtê-lo. Mas hoje ele foi deturpado. Afastou-se da construção de genuínas relações afetivas, de respeito pelos íntimos e pelos excluídos. Estes caíram na categoria preconceituosa de inimigos ou quem sabe mesmo de não pertencentes à mesma humanidade. Não temos quase mais o lazer que promove desenvolvimento, seja pela integração mente-corpo, seja pela expansão do espaço mental que ele proporciona ao Homem em suas funções afetivo-intelectuais.

O conforto material trazido pela tecnologia pode levar a um melhor funcionamento da unidade mente-corpo, o qual, por sua vez, dependendo das condições psíquicas mais ou menos destrutivas do Homem, lhe trará uma melhor qualidade de integração e, portanto, de consciência de si mesmo e da realidade. A economia de tempo, então, poderá ser usada "para que ele se volte para dentro de si mesmo, onde habita a verdade", como diz Santo Agostinho.

O tempo e o espaço necessários ao Homem para sua sobrevivência foram economizados pelas novas tecnologias. Ele poderá usá-los para uma expansão de suas funções afetivas e mentais ou, inversamente, usar esses instrumentos para sua autodestruição. Essa é nossa história ao longo dos séculos, desde a Idade da Pedra.

Se a produtividade e a racionalidade do trabalho, adquiridas neste século XXI, não nos conduziu a um maior espaço para lazer e criatividade, antídoto da pulsão de morte, o que fizemos ou faremos então dessa "economia" obtida nas várias funções e tarefas humanas? Qual destino o Homem dará a essas energias que, sem dúvida, o avanço tecnológico lhe proporcionou? A Sociedade Moderna lhe ajudará a utilizar construtivamente o trabalho e o lazer ou o condenará ao ócio pelo desemprego, deixando-se levar por vínculos objetais estéreis e destrutivos?

A reflexão sobre os fatores que impedem o Homem de alimentar-se dos vínculos de afetividade íntima, do trabalho e do lazer está dentro do âmbito daquelas questões que entendo serem objeto de preocupação da psicanálise, tanto teórica como clínica. Graças ao empirismo da psicanálise, por meio de seu método clínico, obtemos elementos que nos levam a penetrar em seu objeto de conhecimento por intermédio da relação viva do par analista-analisando. A psicanálise evita, com isso, ao mesmo tempo que evidencia, a falácia da dicotomia sujeito-objeto.

Chamo a atenção para o aspecto dicotômico, por ser ele uma das significativas expressões da Pulsão de Morte. Como nomeia André Green (2002), estamos nos referindo às relações da qualidade desobjetivante. Os avanços tecnológicos exigiram do Homem grandes expansões e adaptações, as quais seriam impossíveis de serem pensadas sob a égide dessa dicotomia. Ao mesmo tempo, as invenções da tecnologia moderna poderão ser utilizadas para eliminar do Homem seu potencial superior e tratá-lo apenas como máquina, ao utilizar-se de suas características destrutivas.

Os avanços trouxeram-lhe vantagens e desvantagens. O importante é evitar a tentação de julgá-los como bons ou ruins em si mesmos. Eles aconteceram e o Homem se beneficia ou se atrapalha com esses instrumentos, de acordo com suas próprias características emocionais e sociais.

Edgard Morin (2015) nos alerta para os perigos que os conhecimentos espantosos sobre o mundo físico, biológico, psicológico e social nos trouxeram. Destaca que "as ameaças mais graves em que a Humanidade incorre estão ligadas ao progresso cego e descontrolado do conhecimento, como as armas nucleares, manipulação de todas as espécies, desequilíbrio ecológico etc".

Penso que dentre todas as áreas de saber, é da psicanálise que poderá germinar um adequado processo de humanização, capaz de sustentar a harmonia emocional, base para essas novas aberturas e expansões do homem. Ela tem maiores chances para tal do que qualquer outro ramo do conhecimento, seja ele filosófico, científico ou artístico.

A psicanálise pode favorecer uma leitura isenta de valorações *a priori*, sem racionalizações ou desvios advindos da avidez onipotente, que cobiça a onipotência a todo custo, a qual, por sua vez, sustentaria uma inteligência cega responsável pela desumanização do Homem. Essa função é concebida pelo psicanalista W. Bion, como função anticonhecimento (-K), expressão pura da pulsão de morte, ou nas palavras de Edgar Morin, é aquela que "destrói esses conjuntos e as totalidades, isolando todos os objetos daquilo que os envolve. Essa função anticonhecimento vai contra a concepção do elo existente entre o observador e o objeto observado, pois as realidades-chave são desintegradas".

Pelo próprio progresso do Saber e da Psicanálise em especial, faz muito pouco sentido a indagação se algo é bom ou ruim em si mesmo. Em primeiro plano estará sempre a questão: qual uso o Homem fará daquilo que ele criou e desenvolveu? O homem conseguiu interferir em fenômenos naturais ou acontecimentos aleatórios, o que seria impensável em épocas mais remotas. Entretanto, o que seria mais simples, pelo fato de ser criado e desenvolvido por ele mesmo, poderá ser usado a favor ou contra a vida.

Quando falamos de tecnologia, não estamos nos referindo à ciência propriamente dita, fonte de saber. A ciência descobre e aprofunda o conhecimento dos fenômenos, enquanto a tecnologia transforma as descobertas científicas em invenções materializadas. Estas podem guardar seu aspecto de ação construtiva ou por vezes serem apenas atuações de demonstração de poder destrutivo. Nesse caso, chocam-se diretamente com o objeto da psicanálise, ou seja, a conscientização da condição humana em seus aspectos emocionais, mentais e de caráter ético. Muitas vezes, os avanços tecnológicos levam o Homem a ter uma ilusão de plenitude, na qual sua vivência de vazio e desamparo é vista como uma falha, algo que seria evitável.

A tecnologia, os avanços da modernidade, assim como a interação da psicanálise com eles, só poderão ser pensados em seu colorido humano global. Esse pensar comporta o contexto de contínua abertura do Homem e de sua inserção sociocultural, levando em conta que são inerentes a elas ambos os aspectos de vida e de morte.

Se os avanços da tecnologia substituírem ou forem confundidos com o Saber, poderão levar a vários desinvestimentos pulsionais das funções humanas de certa forma interligados entre si. Haverá então o triunfo da pulsão de morte.

Vários são os desinvestimentos possíveis:

1) Desinvestimento do pensamento criativo e da flexibilidade mental, tornando-o concreto e estéril

Acontece quando o Homem se vê possuidor de grandes, médias ou pequenas máquinas, julgando-se por isso isento de sua necessidade de pensar e/ou de sentir. Ele passa a fazer uso de produtos prontos, que muito facilmente camuflam sua impotência ou sua burrice emocional. Essas máquinas podem ser desde bombas atômicas até simples maquininhas de brinquedo. O nocivo é quando o Homem, desavisado ou pleno de aspectos destrutivos, confunde-se com essas maquininhas, acreditando-se onipotente, onisciente e onipresente; completo, perfeito, potente e invulnerável, como as máquinas com mil anos de garantia e pagamento a longuíssimo prazo. A complexidade de Eros expressa no espaço, no tempo e na realidade é assim substituída pela simplicidade da obediência mortífera que a máquina lhe empresta. Charles Chaplin em seu filme *Tempos Modernos*, de 1936, retrata magnificamente essa situação.

2) Paralelamente

Assistimos a um desinvestimento do "*Homo sapiens* e *faber*", isto é, daquele que é capaz da ação criativa e prática para lidar com suas necessidades e desejos. A vida cotidiana está cheia desses exemplos: sabe-se onde comprar o peixe, mas não se sabe mais onde e como pescá-lo. Pode-se ter pernas para três horas de *fitness* na academia de ginástica, almejando a perda de colesterol, mas não se sabe mais usufruir de um passeio à pé pelo barro, pela água ou pelas pedras, quando se tiver vontade de colher uma rosa ou encontrar um amigo. Relações objetais íntimas foram substituídas por aquelas desobjetivantes, contratuais.

3) Desinvestimento da noção dos valores afetivos, éticos e morais

A tecnologia, ao nos proporcionar melhores condições de vida, nos trouxe ao mesmo tempo uma ilusão de termos agora instrumentos poderosos para lidar com a impotência e vazio afetivo-emocionais naturais ao homem; este, para amadurecer, tem que passar por confrontos de natureza afetivo-emocional, os quais não poderão ser substituídos linearmente apenas pelo que lhe favorece a tecnologia. Lembramo-nos de imediato que Julio César foi salvo pela possibilidade de uma cirurgia. Ultimamente, quantas mães e crianças, em nome de uma pretensa melhor técnica, são privadas ou se privam de conhecer o ato de dar à luz ou de nascer naturalmente?

Outra questão que se coloca dentro desse contexto é a seguinte: o que permanecerá como modelo afetivo-emocional e qual será sua consequência para a criança e para o adulto, nesta nossa era do descartável, *"do usa e joga fora"* ou do *"substitua o seu por um melhor que acabou de aparecer no mercado?..."*.

4) Desinvestimento do bom senso e do uso da realidade

Embora esse fator esteja interligado a quase todos os demais fatores citados, cabe a ele uma certa especificidade. A perda do senso de realidade está relacionada tanto a contextos gerais do Social quanto àqueles individuais de nossas neuroses. No que se refere ao Social estão os projetos, as obras, as estratégias, que muitas vezes sofrem de um reducionismo antirreal, para vaidosamente exibir uma tecnologia considerada como poder para a nação. No plano individual, talvez o fator mais proeminente da perda de bom senso e de realidade seja aquele em que o Homem desliga-se de suas próprias pulsões, nutrindo com isto um desrespeito a si mesmo. Camufla sua ignorância ou ânsia de saber, desrespeitando a si mesmo, ao deixar-se levar pelo apelo da mídia, por meio de caricaturas de culturas e estereótipos de desenvolvimento, assim como de arremedos de afetividade.

5) Desinvestimento ou descompasso do curso natural de desenvolvimento do Homem

Algumas pessoas, independentemente da qualidade de sua organização/integração afetivo-emocional, podem ser colocadas sob uma pressão ou mesmo bombardeio de exigências que ultrapassem a sua condição normal para a absorção de estímulos. Essa situação de barbárie incontrolada pode se referir a crianças, jovens ou adultos. Assistimos a ela, na violência que é o excesso de informações que chegam às crianças, junto à questão do desemprego para os jovens, na desatualização dos seniores, na substituição da vida e do elo humano pelo elo-máquina. O entupimento dos vasos sanguíneos pode ser tomado como modelo para esse entupimento mental.

Sou pessoalmente otimista, mas atenta à realidade. Esta nos oferece a oportunidade de observar e registrar situações em que alguns cortam o caminho, para chegar mais rápido ao seu objetivo. Essa conduta pertence tanto àqueles que sabem da arte de viver, encontrando o caminho por sua maior lucidez e leveza, quanto àqueles que se movimentam organizados pelo que a psicanálise chama de *atuação*, isto é, o agir sem pensamento no qual pulsão e ato se confundem.

A tecnologia pode favorecer aos dois tipos de usuários do caminho da vida menos complicada. Infelizmente, parece-nos que a

Sociedade Moderna do momento se caracteriza e se empenha por estimular seus cidadãos que, em suas performances e tarefas, eliminem as etapas do sentir e do pensar, características nas quais Pulsão de Vida e de Morte deveriam estar em equilíbrio. Quase ficam fora de moda as relações íntimas, que são substituídas pelas relações contratuais, nas quais mais facilmente cabe a trapaça, a irresponsabilidade, o desrespeito. É a "Sociedade dos Espertos", da destrutividade objetal, que pouco compromisso tem, seja com a verdade, seja com a realidade que a cerca. Toda estratégia é válida para atingir seus objetivos. A curtíssimo prazo, poderia-se dizer que esse grupo tem mais instrumentos para a vida, o que não me impede de pensar que esta instrumentação, sem compromisso com a realidade, não se mantém a longo prazo. Certamente, são outros os estímulos, mais consistentes do ponto de vista emocional, que levarão o Homem a uma melhor qualidade de vida e à preservação da sua destruição total.

O homem tem adquirido no decorrer das gerações maior consciência de si mesmo, sendo essa conquista, sua satisfação mais consistente. Talvez indizível, mas paradoxalmente mais penetrante desde a carne. Os caminhos de acesso a essa consciência têm sido pela arte, pela ciência, pela filosofia, sustentados pelos elos afetivos, pela leveza e pela poesia. O fato de existirem alternativas é alentador.

Pode-se perguntar: Somos hoje mais felizes? Pergunta e resposta indefiníveis.

Atingindo o desenvolvimento da consciência de si mesmo e de sua racionalidade, o Homem poderá voltar-se para dentro de si, procurando aí o esteio de sua humanização, assim como poderá discriminar seus limites e possibilidades quanto ao uso de ofertas de bem-estar que lhe forem oferecidas.

Deixei para o final a insistência de que, sem dúvida alguma, a psicanálise tem a oferecer o antídoto à barbárie e aodescontrole, que muitas vezes se apoiam em um contingente destrutivo da tecnologia.

Não nos esqueçamos, no entanto, que o conflito humano, construtividade/destrutividade, é parte da mente humana. Essa encruzilhada existirá sempre.

A psicanálise não elimina o conflito mental, mas certamente ajuda o Homem a conscientizar-se dele, possibilitando maior respeito ético consigo mesmo, face ao uso de suas novas e revolucionárias conquistas.

A questão ética dirige-se antes de tudo em ajudar o Saber, o conhecimento, como aquele que poderá, por excelência, minorar o sentimento de solidão e vazio, trazendo de volta a vitória de Eros sobre a morte, com o respeito profundo pelos vínculos humanos.

3. As individualidades de Freud, Klein e Meltzer na apreensão do fato psíquico[1]

Nó(s)
Mistério, suponho
do corpo que é alma
da alma que é corpo
mistério do corpo
mistério da alma
Mistério – Útero fechado
envolto na fantasia de ser
sem saída ou sem entrada
Entranhado.
Quando se entra,
não se sabe a si mesmo,
se se nega,
se se recusa,
estranhamente,
é a alma que é fechada.

1 Artigo original de 2003.

O outro é o mistério de mim
O mim é o mistério no outro
O mistério somos nós
Nós profundos
De nós – eu e você
agora, então, mistérios.[2]
(M. O. F.)

A proposta do artigo é, dentro de um espírito de curiosidade, examinar a ênfase e a importância dada por Freud, Klein e Meltzer a questões relativas ao *continuum* corpo-mente, cujos polos expressivos são, por um lado, as expressões corporais, as sensações-emocionais, e por outro, a racionalidade e a lógica conceitual discursiva. Disso resultará diferenças em seus vértices conceituais e modelos teóricos. Indaga-se ainda sobre as peculiaridades de suas vidas pessoais, que podem ter influenciado essas suas maneiras de olhar para o fato psíquico.

> *Se procurar bem, você acaba encontrando, não a explicação (duvidosa) da vida, mas a poesia (inexplicável) da vida. (Carlos Drumond de Andrade)*

Cada analista tem seu mundo e sua alma, constituídos seja pela sua natureza intrínseca, seja pelo seu acervo de experiências pessoais. Esses fatores são aqueles que dão, ao autor, suporte às suas capacidades de teorizar e evidenciar o fato clínico, cada um a sua maneira. Conhecer o berço de suas ideias, o lugar a partir do qual ele fala, não sei se nos possibilita compreender melhor a psicanálise, mas sem dúvida nos leva a ter maior familiaridade e acesso aos seus conceitos e postura clínica.

---

2 Poesia apresentada em Coimbra, em um encontro poético luso-brasileiro.

Dentro de um espírito de curiosidade, trago indagações a respeito de algumas peculiaridades da vida pessoal de Freud, Klein e Meltzer, que podem ter influenciado suas maneiras de olhar para o fato psíquico, assim como levado a diferenças em seus vértices conceituais e modelos teóricos. Farei um recorte examinando a maneira com que os autores lidaram e inseriram em suas obras o *continuum* mente-corpo que têm como polos expressivos, por um lado, as expressões corporais, as sensações-emocionais e por outro, a racionalidade e a lógica conceitual discursiva. Podemos também pensar esse contexto como aquele que vai do material ao imaterial, tendo presente, em todo seu percurso, uma qualidade de mistério e enigma. Intrínsecos ainda a esse *continuum* estão o desconhecido, o aleatório, o acaso, o mito, o algo sem nome. Pela via do simbólico, cada autor realiza a apreensão daquele algo subjacente à expressividade do que chamamos comportamento humano matizado pela dimensão e qualidade do espírito de cada um deles. Junto a essa condição de múltiplas possibilidades vamos encontrar muitas das diferenças individuais que influenciaram o pensar a psicanálise de nossos autores. Certamente entraram aqui os fatores constitucionais, culturais, morais, sociais, econômicos e ainda os de inteligência, sensibilidade, criatividade, determinação e tantos outros que forjaram seus caracteres tornando-os humanos, "gente comum".

Privilegio neste ensaio a ênfase e a importância que foi dada pelos autores aos polos corpo e mente, tentando articulá-las com fatos e experiências de suas vidas.

À medida que me aproximarei de aspectos plenos de subjetividade e emoções dos três autores, com certeza também a minha subjetividade estará em jogo, correndo o risco de incertezas, incorreções e/ou injustiças aos autores. Assim, essa contribuição não poderá ser vista à luz dos cânones acadêmicos e/ou científicos, sendo, antes, conjecturas imaginativas.

Essa observação evidencia, de imediato, uma questão: a limitação e a falibilidade da sistemática psicanalítica teórica ou clínica, desde que seu campo de saber, mais do que em outras ciências, é assentado na subjetividade do observador. Isso nos remete tanto à humildade com que devemos conversar sobre ela, quanto à nossa preocupação de ampliarmos nossa visão crítica, não nos atendo unicamente às postulações teóricas fechadas e às patologias e casos clínicos circulares.

Que profissão impossível, como nos disse Freud, é mesmo essa psicanálise!

Na sala de análise, o analista defronta-se continuamente com o desafio de viver acolhendo e externalizando em palavras o pensar e a alma da dupla. Ele conta para seu paciente como pensa estar sendo psiquicamente realizado aquele momento vivido e talvez os meandros pelo qual ele se constituiu; talvez os mistérios que estão ali presentes; talvez, o impossível de ser dito, apenas escutado.

Estamos sempre em face de um enigma. O mistério do outro em mim, o eu como mistério no outro. Nessa tensão mútua vamos construindo o processo de nosso ofício analítico. Podemos nomear essa tensão como o jogo de projeções e introjeções, ou de projeções e identificações projetivas, que se percebidas e faladas adequadamente, serão a base do desenvolvimento mental do paciente, à medida que o leva a desenvolver suas funções de pensamento simbólico.

Qual o contexto e acervo de experiências biográficas de nossos três autores que retenho em minha memória?

O berço de Freud advém de "duas culturas" (Rouanet, 2003): a judaica e a ocidental. Louvava a judaica, mas admirava a ocidental, querendo pertencer também a ela. Seus amigos mais íntimos eram, na maioria, judeus, mas lia, estudava e apaixonava-se pelos autores ocidentais, como Shakespeare e Göethe. Conhecia, assim, de perto, que muitos "eus" habitavam nele, e que portanto o conceito de *identidade única* tinha que ser posto em questão. Como menino perseguido, teve bem próximo de si a criança espancada, o trauma de corpos mortos sem sentido. Sendo judeu, a civilização, mais do que a quaisquer outros, impôs-lhe renúncias, desafios e sacrifícios para sobreviver. Desses, o desafio que nos é mais conhecido é aquele de fazer sua obra vencer e ser reconhecida. O preço foi alto. O valor da Cultura era-lhe muito presente, por compreendê-la como um bem interno, a salvo de qualquer perigo. Amou profundamente também essa humanidade, talvez pelo convite ardente que seus pais, via Torá, lhe faziam para perceber de onde Deus e a Vida se manifestavam. A tradição lhe era importante. Assim, sua psicanálise não nasceu nem da cultura judaica, nem da iluminista, mas da relação antagônica entre as duas.

Freud parece não ter medo do conflito humano, embora também saiba o quanto o mesmo é temido pela dor que causa. Faz do conflito o momento de instalação do psíquico, o degrau definitivo entre o corpo, o psíquico e a realidade externa, ao mesmo tempo que proporciona chegar a sua tão amada racionalidade. O conflito pulsional percorre toda sua obra, em uma expressão belíssima de que a vida não nos é somente dada, mas conquista-se, arduamente. "Onde era Id, que se faça Ego". Freud persegue Eros pela vida toda, sendo que a fascinação exercida pelo Princípio do Prazer não lhe era estranha. "O ego é antes de tudo um ego corporal" (Freud, 1923 – "O Ego e o Id"), frase lapidar de sua teoria que, sem dúvida, estava presente em suas caminhadas, em suas cartas aos amigos e, por que não?, em seus belos charutos... Por vezes, esse Freud deixava lugar para um Freud intransigente, competitivo em demasia com os oponentes e até mesmo intolerante.

Recorria ao corpo-matéria que nos pertence para explicar a força e a energia pulsional da vida psíquica. Por isso foi criticado como alguém que fazia da mente apenas uma extensão do corpo. Ao mesmo tempo atribuía ao psíquico parte da responsabilidade pelo bem-estar do corpo.

Em seu artigo "O Projeto", deu ao corpo e à força que emana dele um lugar de grande destaque. Entretanto, em sua ficção dos neurônios fi, psi e ômega, percebemos que, embora seja possível encontrar uma certa separação entre físico e psíquico, Freud coloca o conjunto de neurônios, já de qualidade psíquica (psi e ômega), mutuamente dependentes e influenciáveis, para a instalação do psíquico. Na ideia de Freud, o biológico do homem o predestina a se tornar humano (psíquico). Como poderia ser ele acusado, então dessa forma, de puro neurofisiologista mecanicista? Nesse entranhamento do corpo e da alma provavelmente Bion encontrou um embrião para seus elementos beta, potencialmente alfa – obra tão valorizada por Meltzer – assim como abriu espaço para Melanie Klein indagar-se sobre os estados de concretude mental.

Na obra de Freud, reconhecemos a importância que ele dá ao sensorial como um dos elementos constituintes do psiquismo. A sexualidade e o erotismo nunca deixaram de ter seu lugar de viga-mestra, junto com a importância dada para os sonhos, celeiro do psíquico.

Em minha opinião, Freud nos ensina e abre as portas para que, ao pensar no mental, não nos esqueçamos de que existe um corpo que se satisfaz e padece. Por outro lado, louva a racionalidade e dá a ela o ponto de chegada do desenvolvimento humano: "Não existe nenhuma instância acima da razão", "A voz da inteligência é baixa, mas não descansa enquanto não for ouvida".[3] Provavelmente, há aqui uma influência do Iluminismo de sua época, assim como, talvez, da cultura judaica que, por estar proibida de representar a divindade, adquiriu um grande progresso na capacidade de abstrair, subordinando a percepção sensorial a uma ideia, o que significava o triunfo da inteligência sobre a sensibilidade.

Exaltou, como se vê em carta à sua noiva Marta, as qualidades do judaísmo humanitário, voltado para os homens e para a alegria de viver. Disse que devia duas coisas à condição de ser judeu: a ausência de preconceitos e a disposição de defender posições minoritárias. Na leitura de sua obra, Freud nos transmite a ideia de que o seu mundo interno, "*sapere audi*" (apesar de tudo), era um mundo cheio de esperanças e de força. Realista, sim, Freud desmistificou o misticismo, a ilusão das religiões, publicou a falsidade da pureza da

3 Freud, 1927 – *O Futuro de uma Ilusão.*

sexualidade infantil e tantas outras ideias perturbadoras do *status quo*, revelando assim sua índole de busca da verdade, ainda que à custa de rebeldias, transgressões e ser perseguido. Era um homem de grande coragem.

Se do ponto de vista filosófico, Freud pôde ser visto sob a influência do Iluminismo e do Racionalismo de sua época, esforçando-se para vestir sua teoria sob os cânones vigentes, percebemos também sua capacidade crítica da não submissão cega. "A razão que nos recusa tantas possibilidades de prazer se converte em inimiga. O homem descobre como é agradável escapar dela, pelo menos por algum tempo, cedendo às seduções do absurdo".[4]

Mulher forte, Melanie Klein lutou contra as imposições sociais de sua época, fato então pouco frequente. Klein era judia, como Freud, mas me parece que exaltou menos os valores e costumes de sua cultura. Vida pessoal bastante diferente daquela de Freud – médico bem posto, filho de uma família bem organizada, que organiza bem a sua, com a parceria incansável de Marta –, Klein nasce no meio de conflitos familiares, vive de perto o que é morte de irmãos, o que é dor, o que é perda de dinheiro, o que é ser mulher em época machista de preconceitos. Dos três irmãos que morreram, dois deles tinham assumido junto a ela o lugar de pais.

Klein percebe e repensa o Superego e as phantasias precoces. Vê neles, um tanto diferentemente de Freud, algo que surge independentemente das frustrações da realidade externa. Podemos supor que, pela intensidade de seus traumas e falta de anteparo e proteção externas, seu mundo primitivo foi mais ativado, tendo tido assim mais condições de aproximar-se dele e conhecer os primórdios de seu desamparo, amor, ódio e sentimento de culpa (SE). Essas observações e descrições de um mundo primitivo precoce fazem de Klein quase que uma precursora das ideias postuladas por Freud.

---

4 Freud, 1933 – *Porque a Guerra?*

Para Freud, sendo judeu e filho de família atuante, o principal sofrimento foi viver em uma sociedade hostil a ele, mas esses agentes externos agressivos encontravam a barreira de pais protetores e de um sistema de valores bem constituído. Dessa maneira, seu mundo de angústias e phantasias mais primitivas pode não ter sido tão acionado como o foi para Klein. Em vários momentos de sua obra, Freud conceituou a angústia e a fantasia como diretamente ligadas às frustrações externas de desejos irrealizados.

Talvez, a partir dessa configuração ambiental de ambos é que vamos encontrar um Freud muito mais atento aos fatores sociais e humanistas, expressando suas ideias sobre a humanidade, com mais condições de sorver da cultura e aprofundar-se como humanista que foi. Freud, em sua obra, de maneira geral, "filosofa" muito mais, diz coisas bonitas e profundas sobre a vida, a morte, o prazer, o amor, a arte, a literatura, o vínculo humano, enfim. Melanie Klein parece apaixonar-se pelos mistérios do mundo interno.

Freud trabalha o Superego principalmente como representante da realidade externa, dos valores morais, com a função de interdição, licença e punição.

Klein, provavelmente pelo sofrimento precoce de mortes ao seu redor, foi levada, desde cedo, a perceber suas fantasias de culpa, de agressividade, de temor, e talvez, responsável por elas. Ao mesmo tempo, observadora atenta do brincar das crianças, pode perceber (provavelmente com alívio), que as fantasias de amor ou de ódio estavam presentes em todas as crianças e desde muito cedo. Deve-se notar que Klein trabalhou, primeiramente, a posição depressiva, a dor da separação, e só posteriormente, quem sabe depois de suas análises, é que pôde tão bem descrever os mecanismos da posição esquizoparanoide.

Embora "iniciando sua psicanálise" com objetivos pedagógicos – quem sabe querendo proteger seu filho de sofrimentos pelos quais tinha passado –, pôde rapidamente perceber que o âmbito de alcance da psicanálise era muito mais amplo que a simples pedagogia.

Melanie Klein submete-se a análises, tem analistas; Ferenczi e Abraham, não, talvez por isso tenha podido perceber e dar tanta importância à relação emocional analista-paciente. Freud move-se quase que por si mesmo, contando apenas com seus sonhos, com o amigo Fliess e com o que percebe no contato com seus pacientes.

Klein dirige-se para as emoções, quem sabe tão intensamente vividas pelo apaixonado Ferenczi, enquanto Freud parece estar muito à vontade na explicação quase só teórica-genética do suceder psicodinâmico do paciente, ou de seus próprios sonhos.

A intuição dos mesmos, na apreensão do fato psíquico na situação analítica, toma rumos diferentes, influindo em suas técnicas e métodos de trabalho.

Vejamos alguns pontos conceituados por eles, que mantêm divergências, pelo menos parciais, e responsáveis por outras posteriores: caminhos diferentes da pulsão *versus* relações objetais; transferência como repetição (fac-símile) *versus* transferência da situação emocional total; a agressividade e as transferências negativas como fatores poderosos em uma análise para Klein; a fantasia inconsciente a qual já nos referimos; a importância capital das defesas para Freud, e aquela central da angústia para Klein. Para Freud, o mundo externo era o principal inimigo; para Klein, toma destaque o mundo interno, que ela percebe povoado de figuras apavorantes e geradoras de muita angústia, ainda que também abalado por circunstâncias externas adversas.

Agora, alguns comentários sobre a ênfase dada pelo *continuum* corpo-mente por Melanie Klein. Sua teoria é simultaneamente das pulsões e das relações objetais. Como Freud, ela concebia o indivíduo como impelido por pulsões de vida e de morte, embora nunca fale de pulsões em si mesmas ou divorciadas de objetos; elas são intrinsecamente ligadas a objetos.

A importância dada por Klein "do que vem do corpo" tem muito peso em seus postulados básicos. Entretanto, seja na postulação de seus conceitos, seja na prática clínica, seja no falar sobre a psicanálise, essa origem corpo-sensória aparece sempre já revestida de seus coloridos psíquicos. Exemplo é quando fala da voracidade e da inveja, como aspectos constitucionais e da phantasia que tem sempre, subjacentemente, um modelo corporal, sendo ao mesmo tempo o representante psíquico das pulsões e o conteúdo primário dos processos mentais inconscientes.

Klein supõe ainda fantasias muito primitivas (filogenéticas?). Poderíamos pensar que suas essências encontrar-se-iam nos recônditos do corpo e da alma? São fantasias que, misturando-se com o biológico, devem ter, como tais, um limite de aproximação, diz Klein. Adere à ideia de protofantasias: seriam elas também transmitidas por algum elemento do nosso biológico? Fantasia do seio, da cópula, são fantasias nas quais o corpo tem uma função básica. Seus objetos parciais, com suas expressões concretas, não poderiam ser tomados como substrato de funções simbólicas que não se completaram?

No conjunto da obra de Klein já se percebe a observação dos fenômenos mentais ligados à concretude da mente, o que muito enriqueceu a psicanálise. A partir desse aspecto, inclusive, o estudo da função simbólica ganhou relevância.

O que seria a inveja constitucional, expressão mais destrutiva da pulsão de morte, quase intratável, como postula ela, se não algo ligado ao biológico, aos elementos beta? Esses elementos transparecem ao psíquico somente por via indireta.

Relativo ao *continuum* corpo-mente cabe ainda lembrar seu conceito de capital importância como contribuição aos escritos publicados por Freud: o conceito de Identificação Projetiva. Freud, indubitavelmente, em suas descrições clínicas, tinha detectado a dinâmica desse mecanismo, embora de maneira dispersa e sem contorno teórico. Quando Klein troca o projetar "on" pelo projetar "into" (no objeto), ela está sem dúvida levando em conta o continente também corporal do objeto. Todos nós sabemos os efeitos "biológicos" e/ou somáticos de uma identificação projetiva exitosa. Penso que, por saber da profundidade de sua descoberta, do poder quase atômico de seus efeitos, é que Klein protelou ou teve medo de revelar aquilo que de há muito já constatara. Passaram-se dez anos para que ela trouxesse esse mecanismo a público.

Quando se entra,

não se sabe a si mesmo,

se se nega,

se se recusa,

estranhamente,

é a alma que é fechada

Seu artigo fundamental para a expansão do conhecimento da psicanálise, "Notas sobre alguns mecanismos esquizoparanoides" (1946) revela que Klein intimamente sabia o que era entrar e sair do corpo *alter* (*Claustrum* – Meltzer), negar ou oferecer a alma, para repouso do parceiro.

Klein, sem dúvida, tinha uma intuição e capacidade de observação dos fenômenos psíquicos ímpar. Talvez tenha lhe faltado mais conhecimento filosófico e epistemológico, para poder ampliar a conceituação teórica de seus achados clínicos. Talvez não fosse essa a sua preocupação maior.

Escutemos um pouco de Meltzer por ele próprio, em entrevista dada à Catharine Smith (1998):

> *C.S.: "Você se descreve como um menino forte e esportista, nem introspectivo, nem um leitor. Você era uma criança feliz, que amava e respeitava seus pais, era amado e confiava neles, o caçula de três filhos por sete anos, e o*

> *único menino. Tinha vários interesses e habilidades que poderiam tê-lo levado para outros caminhos; aos dezessete anos encontrou e apaixonou-se pela psicanálise".*

D.M.: "Eu era muito *naïve* e romântico. O fato disto ter se perseverado foi uma função da psicanálise".

C.S.: "Você vive quatorze horas por dia fechado numa sala de consultas, não é contra seu temperamento aventureiro e expansivo?".

D.M.: "Se eu tivesse sido, como eu planejava na juventude, um escultor trabalhando na pedra, eu também teria que fazer o mesmo, seguir lascando, lascando, lascando pedras por aí afora".

Quando indagado sobre ser um analista que fala muito, responde:

"Sim, eu realmente falo bastante. Melanie Klein falava bastante".

"Eu estaria melhor se eu pudesse estar olhando para meu paciente, caso ele não estivesse olhando para mim. A musicalidade da voz é a coisa mais importante, pois é aquela dos seus objetos internos, os quais você compartilha com seus pacientes... Tivesse eu algum talento musical, eu teria sido um músico. A ciência não me interessa enormemente e eu nunca a fiz, embora eu a respeite e aprecie a natureza da atividade mental que ocorre na ciência".

Meltzer demonstra paixão por seu ofício: não se considera "uma pessoa particularmente inteligente, culta ou erudita", mas considera que sua força como psicanalista venha de seu amor pelo trabalho ao qual se atirou "muito frequentemente, de coração inteiro".

Para ele, o importante é que "o analista desperte interesse e pensamento em seus pacientes, expressando honestamente suas opiniões e ideias". "Eu não estou interessado em estar certo, apenas em ser interessante. O analista é um observador e o que ele descobre sobre o paciente é baseado na observação, não nas estórias, não nas teorias".

Penso que quando fala de que "o analista tem que ser interessante" refere-se ao analista-mãe que sabe convidar o bebê à beleza da vida.

> *Minhas análises tornaram-me uma pessoa menos gentil e muito mais deprimida...!*

Meltzer vive de maneira frugal, modesta, embora confortavelmente. Cobra muito menos que outros colegas, por opção. Teve muitos desapontamentos com seus colegas, tornando-se "não uma pessoa fria ou insensível, mas na verdade, minha necessidade de outras pessoas para sentir-me seguro diminuiu, e minha segurança vem cada vez mais de fontes internas, afora um ou dois relacionamentos".

Este é o Meltzer, artista por natureza e na arte de ser analista.

Meltzer considera que a psicanálise teve seu próprio desenvolvimento lógico interno. Considera como seu grande eixo, as ideias de Freud, Abraham, Klein e Bion.

Meltzer, sob um vértice próprio, critica algumas concepções de Freud, principalmente as iniciais: quando, segundo ele, Freud equipara a mente ao cérebro; quando não dá aos afetos um status qualitativo, e sim quantitativo; quando trabalha com os sonhos de forma mais racional do que emocional; quando se refere ao status da pulsão sem objeto. No entanto, procura fazer justiça ao Freud clínico ou àquele das entrelinhas, do todo de sua obra, observando que todos esses aspectos criticados apresentam fendas, abrindo-se para novas concepções. Refere-se, então, ao Freud psicanalista, atento à essência dos fenômenos psíquicos enquanto tais. Provavelmente é sob esse olhar, que Meltzer (1978) considera "que é sempre o artista, o poeta em Freud que o 'puxa' conceitualmente para afrente – o poeta sobrepondo-se ao neurofisiologista". Faz também essa consideração junto aos comentários sobre o caso Dora, em que vê "um Freud que faz humanos seus termos teóricos, como *splitting* da consciência, defesa, e ideias inadmissíveis" ao dar liberdade à Dora para que tenha seu discurso dentro de seus próprios caminhos associativos.

Meltzer persegue, em suas obras, um serrado confronto entre Freud e Klein. Dessa forma, ele não só adquire novos âmbitos de experiência, como produz também novas contribuições à teoria, sempre muito próximo da articulação teórica-clínica. Não chega a rediscutir um novo modelo metapsicológico, e suas contribuições aparecem mais como intuitivas do que especulativas, no sentido tradicional do termo. A sua forma de nos introduzir no seu universo da experiência, de nos comunicar o progresso das suas descobertas clínicas tem a ver, como ele mesmo fala, mais com a poesia do que com a ensaística científica.

Na descrição do fato clínico, Meltzer sem dúvida está próximo do método e do modelo mental estabelecido por Klein, sua analista. Contudo não podemos pensar na obra de Meltzer sem sinalizar a grande ressonância que teve nela, o pensamento de Bion. Parece ter se sentido livre para insistir na inclusão da arte e do estético em sua visão de como apreender o fato psíquico. Faz uma distinção entre estético e sublime, reconhecendo a influência que recebeu não só dos autores psicanalíticos, mas também o impacto que lhe causaram "as obras de arte, a literatura, a vida familiar e a comunidade, os grupos, as instituições e a beleza das paisagens da natureza em geral".

Meltzer é um apaixonado do conhecimento da atividade mental. É, entre os nossos autores, aquele que mais expressou seu encantamento com a beleza da função criativa. Sem dúvida, saboreia e delicia-se esculpindo a sensibilidade humana e preconiza o olhar estético da experiência, como a aproximação mais fértil para tornar simbólico aquilo que é matéria ou apenas sensorial. De meu ponto de vista, esta foi sua principal contribuição à Psicanálise: olhar e pensar a experiência analítica pela via estética significa apreender o nascimento, a formação e a integração do simbólico. Essa postura clínica, obviamente, tem repercussões teóricas, metodológicas e clínicas. Apontou inúmeras vezes que "o método usado para a ciência do inanimado não pode aplicar-se ao mundo animado, ainda mais ao mundo supra-sensório (*sic*) da mente".

Meltzer percebe e ressalta o valor do uso pelo analista, de palavras insaturadas. "A alma da psicanálise pré-existe (*sic*), e parafraseando Nemo de Platão, como o pensamento que requer um pensador para realizá-lo (*sic*)" (Meg Harris Williams, 1998).

Assim como Bion, seu pensamento tem a influência de Platão, e parece que Meltzer incluiu a categoria estética no pensar a psicanálise antes mesmo de Bion, que somente mais tarde é que vai publicar que o analista, por vezes, aproxima-se de seu paciente, baseado em julgamentos intuitivos estéticos. Meltzer percebe na natureza própria dos pensamentos a possibilidade de entrar em contato com uma situação simbólica e de tomar a forma de um símbolo (processo misterioso e estético, o qual Bion, para a contrariedade de Meltzer, insiste em chamar de função alfa).

Para Meltzer, as qualidades estéticas, aliadas ao método psicanalítico, têm elas mesmas uma qualidade terapêutica. Deixa de lado, com muita ênfase, o método explicativo de Freud, destacando a observação e com ela a descrição dos fenômenos.

Poderíamos pensar em Meltzer como o escultor do belo, Freud escultor da razão e Klein do vínculo emocional? Sem dúvida, as esculturas não são mutuamente excludentes.

E o que poderíamos dizer quanto à postura de Meltzer perante seu lidar com o *continuum* corpo-mente?

Dos três autores, penso que Meltzer é o que parece transitar de maneira mais integrada por esse *continuum*, parecendo sentir-se em casa ao percorrê-lo. Sua obra traz em seu bojo as duas categorias ou níveis de organização do sujeito corpo-mente.

Faz uso até hoje do conceito de objetos parciais cuja característica anatômica é evidente. Escreve sobre o "*claustrum*" do bebê no corpo da mãe; sobre a área de ausência de mente (*mindlessness*) na vida mental;

faz referência a uma vida primitiva cujo funcionamento grupal varre o pensamento (Bion, *Memoir of the Future*, 1996); essas partes primitivas da personalidade operam o seu pensar com o corpo e obedecem às leis mais próximas da neurofisiologia do que da psicologia – não por nuances emocionais, mas por um "*quantum* de excitação".

Esse mesmo Meltzer que nos chama a atenção para a presença do corpo na mente, para o "mistério inerente à transformação das emoções em sonhos", é aquele que considera a captação estética-simbólica do imaterial como capaz de fecundar e fazer nascer a vida mental "do outro através de mim". Suponho que para tanto esteja incluída a noção de que, na aproximação estética, há sempre embutida a consistência da materialidade subjacente a ela.

Meltzer, o menino que amava seus pais e era amado por eles, intui que:

> *o* settting *– que se apoia essencialmente no estado mental do analista e no clima criado na sessão – requer do analista as qualidades básicas dos objetos parentais: paciência, atenção, ausência de intrusividade, liberdade de compreensão que não esteja motivada por nenhuma curiosidade pessoal. (Meltzer, 1967)*

Talvez o clima integrado que ele viveu na infância, com firmes objetos parentais internos, possibilitou-lhe espaço mental para intuir-observar-sonhar a importância das funções criativas tanto do continente como de si mesmo (objetos internos). Pode assim transformar suas angústias humanas em desafios de desatar os seus nós, por intermédio do simbólico e do pensar.

4. A solidariedade em face da fragilização dos vínculos na era pós-moderna[1]

A psicanálise surge no período da modernidade, entre final do século XIX e início do século XX, em decorrência da preocupação de um homem – Freud –, como de vários outros de sua época, com o bem e o mal-estar da civilização, e dirige-se sobretudo à qualidade da vida afetiva-emocional vigente. Nasce assim como um ato de solidariedade. A quê? Ao sofrimento humano do semelhante, pois, ao proporcionar o desenvolvimento emocional mediante o fortalecimento dos vínculos afetivos, ajuda o homem a aproveitar melhor seus recursos de sobrevivência. A psicanálise ressalta a capacidade de se solidarizar como um dos elementos constitutivos da maturidade emocional.

A ideologia da modernidade, em seus apelos e discursos, valoriza o significado da história e aponta como caminho para o homem a liberdade de espírito e a supremacia da razão, fortemente marcada pela filosofia do positivismo e pela cultura do Iluminismo. Existe *lato sensu* um ideal de unidade e de universalidade da história sob a primazia da razão.

---

1 Artigo original de 2008.

O movimento da Revolução Francesa tinha como lema *a liberdade, a igualdade e a fraternidade* e pregava que *todos os homens nascem livres e com direitos iguais*. Haveria melhor paradigma do afeto vincular para compreender o que é a solidariedade humana?

Sob a influência principalmente das ideias filosóficas e ideológicas de Hegel e de Marx, e tendo como pano de fundo o advento da Revolução Industrial, a política social da época voltava-se prioritariamente para a emancipação do trabalhador e para a abolição das diferenças entre as classes sociais. Os movimentos grupais de indivíduos e de povos se intensificavam e se faziam ouvir. E o desenvolvimento tecnológico trouxe muito conforto aos homens em suas necessidades básicas de trabalho e de lazer, algo tão importante para a saúde mental da comunidade.

Paradoxalmente, na era pós-moderna, mesmo com todas essas conquistas anteriores, assistimos ao desmonte dos movimentos solidários com o bem-estar humano, ao abandono do princípio de que *todos os homens nascem livres e com direitos iguais*. A comunicação de massas, que a partir dos anos 1920 se expande a um ritmo cada vez mais acelerado – que prossegue até hoje –, leva a novas vivências internas, particularmente no que se refere ao tempo e ao espaço, deixando para trás as propostas ideológicas da modernidade que acenavam com melhor qualidade de vida.

O pós-modernismo acentua o individualismo egoísta, eliminando a leitura transcendental necessária ao ato de solidarizar-se. Ele tende a relativizar todos os acontecimentos da história, como também todos os seus valores morais e éticos. Verdadeira era do narcisismo, nele impera a ilusão, a novidade, o efêmero e o antivínculos de compromissos ou de responsabilidade. A inconstância ocasionada pela busca de prazeres imediatos leva à opção pelo hedonismo em detrimento do lúdico. A exaltação do corpo isola-se da conquista do espírito e quase o anula. As intenções agora não são mais de Ser, de Ter, mas de aparecer, seduzir ou impressionar pela imagem.

Essa mudança de posturas em face da vida, ainda que de maneira sintética, traduz o processo de achatamento afetivo a que o desenvolvimento tecnológico, em particular o da mídia, submeteu ou conduziu os homens nos últimos cinquenta anos – como sugere Guy Debord (1997) em *Sociedade do Espetáculo*. A possibilidade de solidarizar-se com o sofrimento alheio eclipsou-se, da mesma maneira que o indivíduo se vê impedido de apropriar-se de seu próprio sofrimento e, por que não, da conquista de satisfações advindas de sentir-se ele mesmo e a si próprio.

Levanto a hipótese de que a alteração acionada por esses fatos externos e acolhida pelas necessidades internas de cada homem é uma das maiores responsáveis pela intensificação da angústia, seja ela depressiva ou maníaca, e pelas alterações do tipo de defesas usadas, entre as quais se destaca a indiferença afetiva a si mesmo e ao próximo.

O desenvolvimento e a qualidade da vida afetiva vigentes

Certamente, as intensas modificações ocorridas desde a época da Revolução Industrial exigiram do homem grandes expansões e adaptações, o que transformou seus vínculos afetivos e seu estilo de vida. Essas rápidas mudanças de mentalidade do homem nos mostram a plasticidade e a vulnerabilidade do seu funcionamento mental – sua força e sua fraqueza. As descobertas da ciência moderna, a informática e a mídia tanto foram utilizadas para minorar o sofrimento humano quanto poderão eliminar o potencial superior do homem e tratá-lo apenas como máquina.

Do meu ponto de vista, a tendência é que as descobertas atuais sejam cada vez mais antitranscendentais e que, com isso, eliminem a política e a força humanizantes, visto que estas são construídas antes pela "inteligência do espírito" do que pela "inteligência do corpo". Já se percebe que este século XXI exigirá do homem muita capacidade de revitalização transformadora e adaptativa para não sucumbir à confusão dos valores morais e éticos, ao culto do estresse e à tirania da urgência. O que torna mais complexa e grave tal situação é o fato de que, muitas vezes, essas imposições sofridas pelo homem são aquelas necessárias para a sua sobrevivência.

Fatores externos relevantes na modificação e constituição da vida afetiva contemporânea: Globalização – A Internet e a Mídia

Concomitantemente aos fatores favoráveis ao desenvolvimento humano, encontramos alguns deles que trabalham contra os ideais civilizatórios. São sobretudo aqueles para os quais as noções de espaço e de tempo foram afetadas. Possivelmente, nunca se teve uma quantidade tão rápida e numerosa de informações sobre a pluralidade de culturas cujos valores foram revelados pela globalização. Talvez essa excessiva multiplicidade de convicções, crenças e hábitos culturais que agora se entrecruzam pela informática e pela mídia, afastados do *nexo psíquico* de suas fontes éticas, seja um dos principais fatores que nos levam a perder nossa bússola de conduta para a aproximação de nós mesmos e de nossos pares.

Estamos informados das vidas alheias, as mais distantes territorialmente, mas não as compreendemos com um olhar afetivo solidário. Dessa maneira, no pós-modernismo, muitas das conquistas e processos pretensamente civilizatórios se aceleraram de forma que possivelmente levaram o homem a se perder e a se confundir nas noções subjetivas de espaço e de tempo, tão básicas para a formação das identidades. Perdeu-se a vida com início, meio e fim, alterando seu significado.

A mídia informa e pode ser um espaço verdadeiro de comunicação entre os homens. É-nos útil se usada sob a regência da realidade. Todavia, ela se vale do "espaço potencial" das possibilidades do homem para impingir-lhe apenas o "virtual", mascarando-o como uma realidade que pode ser alcançada. Sua eficácia é grande, sobretudo junto aos potenciais de desejos e de necessidades que se encontram sob o domínio do princípio do prazer sem a discriminação advinda do princípio da realidade.

Por exemplo, a mídia faz uso da organização mental estruturada pelo fenômeno da ilusão para enganar o homem e levá-lo a se iludir quanto a si mesmo. Estabelece o comércio virtual para vender seus produtos e, mais terrivelmente, para ter um controle hegemônico de poder, com a promessa de realização de todas as ambições.

Acreditando nessas promessas, na maioria das vezes mirabolantes, o homem perde o viço do desejo e dos custosos esforços exigidos pelo desenvolvimento pessoal, desencanta-se em face de si mesmo porque "não consegue realizar facilmente" o que a mídia exige e promete. E então modifica seus valores por não os considerar tão poderosos e eficazes como ela demonstra.

Com seus engodos de poderes onipotentes, a mídia conduz, ao final, à ilusão travestida de esperança real e à cultura da desesperança, a antítese do que apresentou como chamariz. Esses processos mentais são encontrados junto às drogas, ao álcool, aos jogos, ao fanatismo religioso, a tudo aquilo, enfim, que oferecer um placebo ao sofrimento das limitações e das frustrações negadas muitas vezes pela propaganda irresponsável.

Nesse clima de grande fragilidade dos vínculos reais, não existe o próximo, e muito menos a solidariedade para com ele.

Fatores internos influentes e organizadores de experiência emocional não solidária: a indiferença afetiva

Quando não amadurece, o homem mantém-se escravo da organização de sua mente inicial, que é regida pela leitura onipotente dos fatos. A estrutura e a dinâmica de sua mente são de qualidade concreta e nelas não há lugar para o pensamento simbólico – o que leva o homem a uma limitação de seu contato com a realidade tanto externa quanto interna.

Consequentemente, ele fica à mercê de seus desejos imediatos (pulsões), das ilusões, das falsas promessas e do controle dos mais sabidos, do fascínio pelo poder, pois aquele que lhe foi reservado pela natureza – o da inteligência, do contato consigo e com o outro – é impedido pela parca conquista de desenvolvimento afetivo-emocional-intelectual.

Quanto mais se intensifica a imposição ao homem de "valer pela aparência", mais ele se afasta de si mesmo e de seu desenvolvimento, buscando cada vez mais roupagens que escondam suas limitações, dificuldades e sofrimentos – estados considerados como humilhantes. "Suicídio não é feio, está na moda, desespero pelo sofrimento, sim".

Ora, "quem" traz desespero e culpa é a ambivalência não assimilada entre ódio e amor ou a condição de vivê-los e não poder senti-los, pela falta do ombro amigo para experimentá-los. Logo, haveria uma roupagem/defesa mais eficaz para essas situações dolorosas do que "a indiferença afetiva", na qual as cordas do coração já não mais tangeriam?

Essa conversa é longa, mas registro meu entendimento de que a grande "violência" de nossos tempos não é aquela gerada pelo ódio, mas aquela derivada da indiferença afetiva intrinsecamente impeditiva de qualquer ato de solidariedade, dada sua qualidade de fragilidade vincular. Os assassinatos, as guerras, o desrespeito às culturas e à qualidade de vida dos miseráveis, todas essas perversões enquadram-se nessa indiferença afetiva ao sofrimento próprio e alheio.

O significado afetivo dos valores morais e éticos

Avalia-se que nosso tempo atual passa por uma crise de valores e, consequentemente, de ideais do espírito. De que natureza? É provável que a "indiferença" afetiva, que cada vez mais se propaga entre os homens, tenha feito surgir neles também uma indiferença ética, seja entre seus pares na condição individual e social, seja nos conflitos mundiais entre povos.

Em nossos encontros clínicos, encontramos falta de autenticidade e de significado de ideais e valores morais em nossos pacientes mais do que "ausência" de instalação dos mesmos em seus "corpos mentais". Há angústia e confusão quanto ao manejo e direção possível desses valores pela incapacidade de atingir seus significados, instalados provavelmente por uma ordem superegoica e/ou religiosa.

E é de se notar que as pessoas que procuram a psicanálise são aquelas ainda sensíveis aos seus conflitos, embora encontremos cada vez mais em nossos pacientes a tendência universal à *mindlessness* (falta de mente) ou à concretude mental, como resultante da impossibilidade de se pensarem a si mesmos e, portanto, de conquistarem significados para os valores – afetivos, éticos e morais – a que têm acesso.

O significado dos valores e ideais que constituem nosso eu são "mutáveis", seja pelas transformações que ocorrem em nossas vidas, seja pelas influências culturais que sofremos, e por isso devem ser continuamente reavaliados. É no âmbito dessas reatualizações que parecem estar a crise e o conflito dos valores, responsáveis pelo colapso da identidade em nossos tempos.

Não se trata unicamente de valores morais ou religiosos, mas também de valores leigos relativos à ciência, ao progresso, à emancipação dos povos, aos ideais humanísticos, como o de solidariedade com o próximo. A possibilidade de hierarquizá-los, condição que lhe traria força e disciplina para construir-se e imprimir uma nova direção ao seu processo de humanização, parece igualmente perdida para o homem.

Materializá-los, esvaziá-los, achatando-os de significado para que tudo se equivalha, tem sido uma saída encontrada para lidar com a complexidade confusa de seus valores. Esse processo defensivo leva o homem a alienar-se de seu espírito e de sua mente, impedindo-o assim de realizar a tarefa de seu desenvolvimento.

Estaria aí o atual eclipse da inteligência do homem, nessa desativação e banalização de suas marcas específicas – capacidade de criar, de categorizar valores, de pensar, de comandar e de solidarizar-se – que dariam abrigo aos seus conflitos humanos? Envolvido e encantado pelo efêmero, o homem parece distanciar-se de seus profundos potenciais que o diferenciam como ser vivo pensante.

Às vezes, tem-se a impressão de que a pós-modernidade valoriza o caos. Neste, não há conflitos. O caos é a materialização do conflito valorativo, materialização que, como tal, facilita que os conflitos sejam negados e/ou disfarçados.

A dúvida que se coloca então, ainda carente de uma reflexão de consenso universal, é a seguinte: o que faltou ou falta ao homem, como amálgama entre ele e suas valiosas conquistas materiais, para se utilizar delas em favor de maior autoestima e conhecimento de si mesmo, não se deixando impregnar-se pela ideologia da desesperança?

Entre todas as áreas de conhecimento e saber, a psicanálise é a que mais deve se empenhar em colher observações que iluminem essas questões. Advém do nosso saber a responsabilidade social de nos instrumentarmos cada vez para lidar com ele. A nós, analistas, cabe perceber esses tipos de sofrimento e saber situá-los adequadamente no contexto do homem social. Assumiremos ou não essa responsabilidade?

5. Agir, alucinar, sonhar[1]

Ao deparar-me com o tema "Agir, alucinar, sonhar", veio-me à mente o conto de Ítalo Calvino, *O cavaleiro inexistente* (1990). Nele transparecem essas funções da personalidade com seus contrastes, positivo e negativo, em relação ao aumento da capacidade para pensar as emoções e as ideias:

> *E você, (quem é)? O rei chegara à frente de um cavaleiro com a armadura toda branca; só uma tirinha negra fazia a volta pelas bordas;*

...

Eu sou – a voz emergia metálica do interior do elmo fechado, como se fosse não uma garganta, mas a própria chapa da armadura a vibrar, e com um leve eco – Agilulfo Emo Bertrandino dos Guildiverni e dos Altri de Corbentranz e Sura, cavaleiro de Selimpia, Citerione e Fez!

– Aaah! – fez Carlos Magno... – E por que não levanta a celada e mostra o rosto?

---

1 Trabalho apresentado ao Fórum sobre *Agir, Alucinar, Sonhar* da Sociedade Brasileira de Psicanálise de São Paulo (SBPSP), preparatório ao Simpósio "Bion em São Paulo – Ressonâncias". Artigo original de 1996.

– Falo com o senhor, ei, paladino! – insistiu Carlos Magno.

– Como não mostra o rosto para seu rei?

A voz saiu límpida da barbela.

– Porque não existo, sire.

– Faltava esta! – exclamou o imperador. – Agora temos na tropa até um cavaleiro que não existe! Deixe-nos ver melhor.

Agilulfo pareceu hesitar um momento, depois com a mão firme e lenta ergueu a viseira. Vazio o elmo. Na armadura branca como penacho iridescente não havia ninguém.

– Ora, ora! Cada uma que se vê! – disse Carlos Magno. – E como é que está servindo, se não existe?

– Com força de vontade – respondeu Agilulfo – e fé em nossa santa causa!

...

Era até mesmo o melhor de todos os oficiais. E ainda assim passeava infeliz pela noite.

Agilulfo estava condenado a não viver relações de intimidade, mas apenas aquelas contratuais ou ocasionais, não podendo, assim, provar de suas experiências emocionais. Impossibilitado de sonhá-las, não as retinha; por ser sua história falsa e vazia passava o tempo limpando-a, mantendo-a ereta, automaticamente dando-lhe corda, como quem dá corda a um relógio para que continue funcionando. Ora o agir-se, ora o alucinar-se opunham-se à expansão de sua mente.

I

André veio para a análise com dez anos, após a separação litigiosa de seus pais, situação em que as relações íntimas que mantinha com os mesmos tornaram-se enquadradas em regras de visitas, em falas perigosas de contar ou não contar, que serviriam para provar a "culpa" de um deles; ou ainda, suas relações íntimas transformaram-se em respostas ou fugas aos convites sedutores de um dos pais, para que ele tomasse o seu partido.

André não queria vir para a análise imposta a ele por um juiz de menores como uma das condições para que o desquite de seus pais se completasse: – "*Não quero ir, porque análise é para loucos. Eu acho gozado que pai e mãe têm advogado, criança não tem*". Dirigindo-se à mãe, diz após nosso primeiro encontro: – "*Eu irei à analista, mas não vou contar nada sobre você*", mostrando que assim construía um modelo de fidelidade (à sua mãe), em detrimento de ser verdadeiro consigo mesmo. – "*Eu não sinto nada*", repete-me muitas vezes. Nesse contexto suas funções pensante, criativa e de curiosidade tomam o rumo seja de não conhecer, seja de falsificar a verdade. André foi se submetendo às regras cada vez mais restritivas ao seu desenvolvimento, como calar-se "para não ser delator de seus pais"; "não sentir" para não acordar ou sonhar sua realidade dolorosa. As tensões e frustrações impostas a ele por esses tipos de vivências emocionais, nas quais a emoção genuína deveria ficar splitada ou reprimida levaram-no, seja a organizar um sistema de mentiras, seja a expulsá-las de sua mente por incapacidade de pensá-las.[2]

2 Na opinião de Meltzer "a consequência mais importante da teoria da função alfa e da Grade é a seguinte: se uma experiência emocional não é elaborada pela função alfa para dar lugar a elementos alfa (símbolos?) que possam ser utilizados para a formação de pensamentos oníricos e serem assim digeridos como alimento pela mente em desenvolvimento, essa experiência emocional terá que submeter-se a algum outro processo com o fim de aliviar o aparelho psíquico de uma acumulação de estímulos. Alguns desses processos são essencialmente evacuatórios; outros constituem um simulacro de digestão mediante a qual, na realidade, originam um sistema de mentiras que são o veneno da mente e inibem seu crescimento; e outros produzem um tipo de enquistamento ou de encapsulamento, ocupando áreas do aparelho mental que, por consequência, não estão disponíveis para o processo de crescimento." Esta analogia com os processos metabólicos não foi empregada por Bion como uma metáfora *per se*, mas, sim, como uma descrição do funcionamento do aparelho mental que, segundo sugestão do

Tomado por um estado confusional, passou a não discriminar o espaço físico (lugar de portas, de armários etc.) pertencente às casas do pai e da mãe, de uma maneira intensa e pouco usual, ao mesmo tempo que chamava o pai de mãe e a mãe de pai. Seria essa confusão uma expressão de um estado em que seu agir expressava um automatismo defensivo da dor e da ameaça de fragmentação de seus vínculos afetivos?

Suponho que André, criança de uma sensibilidade intensa, tivesse alguma noção de que sua vida emocional lhe escorregava, inclusive pelo seu corpo, como sugeriam seus sintomas relatados por sua mãe: "o sangue da hemorragia craniana", a "enurese que passara a acontecer e os vômitos que se seguiam às brigas" de seus pais das quais ele era testemunha. Evidência desse "conhecer" é o seu relato à mãe sobre uma menina (deficiente mental) que encontrou na sala de espera do consultório: – "Tinha lá uma criança que não existe, mas ela não sabe que não existe". Assim, se por um lado André apresentava uma sintomatologia grave, por outro percebi não se tratar de uma estrutura psicótica, embora tivesse, naquele momento, poucas condições de metabolizar experiências emocionais mais intensas.

Na noite após nosso primeiro encontro tem um sonho e acorda chorando:

"Caí no Rio Tietê – a margem era de lama, não podia sair – Só tinha o F. e a M. (irmãos); o F. (pequeno) não sabe nadar tão bem; estava muito aflito. Eu consegui sair da segunda vez – daí bebi essa água e disse que ia morrer – mas daí alguém falou: – chama o médico, é perigoso – eu tomei o remédio e se salvei, mas não tinha ninguém lá."

Por esse sonho poderíamos supor que concomitantemente a um estado de descrença e negativismo, André poderia, por meio da análise, vir a revitalizar seus vínculos construtivos (sonhantes)

---

autor, desenvolveu-se baseando-se na analogia com o sistema metabólico (Meltzer, 1983).

para lidar com a situação de esvaziamento na qual se encontrava (continente/contido).

Alguns meses antes de vir para a análise, André tinha desejado não mais viver. Incapaz de metaforizar seu desejo, repetiu o mesmo ato de jogar-se de um balanço ao chão, posteriormente a uma queda a qual lhe tinha ocasionado estado de coma e convulsões com hemorragia cerebral. O que ele tinha "retido" da primeira situação de queda era que poderia não viver. O que ele no entanto não podia aprender, era como desenvolver uma sustentação mental para pensar suas emoções e lidar com os revezes que a vida lhe impunha. Provavelmente, seu desejo de não viver estaria ligado a eliminar o sofrimento que lhe advinha de uma turbulência mental ligada, sobretudo, à introjeção de um modelo de coito sádico; este não lhe oferecia condições de transformar e alcançar representabilidade para seu ódio e suas frustrações.

Essa defesa – agir o não viver – foi, aos poucos, se configurando no contexto da análise. Ora, talvez, sob a forma de alucinação, ora sob forma de transformação em alucinose, tendo André chegado posteriormente à capacidade de sonhar o sofrimento comprimido nesse agir.

Tomemos um momento clínico: *No acting in* dos seus jogos, André "inicia" uma briga entre dois bonecos. André se assusta – o susto é intenso porque a concretude da briga também o é. A paixão torna-se violenta e concreta. Grita: – "*Vão se matar*". Alucina ao enxergar o ódio depositado nos bonecos? Afasta bruscamente seu corpo de perto dos dois bonecos – ainda agitado retira da mesa um dos bonecos. Permanece agarrando o mesmo em sua mão, como quem procura aonde pô-lo e após uma pausa, diz como o cavaleiro inexistente de Ítalo Calvino: – "*Este não tem sentimento, é morto. Pronto! Assim, fim da briga*". Digo-lhe um "*Ufa! Quanto trabalho você teve!*" (Fragmento 1). Permaneci então em silêncio. Revendo o material caracterizo esse silêncio como um estado de observação receptiva.

Apesar do clima emocional ser de tensão com rápidas desestruturações/estruturações, eu entendia seu susto como manifestação de sua possibilidade, agora, de ser espontâneo, desfazendo-se de suas mentiras iniciais de nada sentir e de nada contar – os bonecos/pais brigavam sim, e ele me contava. Dessa forma, minha leitura se dirigia para um movimento emocional que permanecia vivo, seguido daquele, defensivo, que tinha matado o conflito quando este revestiu-se de uma enorme concretude. O meu silêncio prendeu-se ao fato de eu perceber que seu vínculo comigo tinha, como qualidades organizadoras, a confiança e a intimidade; isto me dava indicações de que eu poderia aguardar, contando com sua capacidade de (re)estabelecer sua função sonhante.

A tendência atual, contida no pensamento de autores, como Bion, Meltzer, Ferro e outros, é de encontrar evidências clínicas que levam a supor que,

> *de qualquer modo que se defina a alucinação – como falta de sonhar, como violenta destrutividade do pensamento, ou como mentira – ela poderá ser recuperada ao pensamento através da intersubjetividade. Este caminho se apoia menos na decifração interpretativa do que em operações de* rêverie(sic)/*transformações. Esta última lida com alucinações verdadeiras e tem como objeto, não o conteúdo das próprias alucinações, mas o pânico, o terror e a confusão que as acompanham e a ansiedade que as precede. (Ferro, 1993)*

André também permanece em silêncio por alguns minutos olhando para os bonecos; em seguida diz pela voz queixosa de um dos bonecos: – "*Se (ao) nascer, (você) já vira polícia neste mundo cheio de maldades, não quero nascer*". "*Vai! Volta pra dentro, André!*", responde o outro boneco, com voz de "superego" insensível (Fragmento 2).

Digo a ele: – "*Sei..., sei..., e ele o que é que está resolvendo?*" (querendo). André faz um silêncio, e como um prolongamento do mesmo diz: – "*Uh, acho ele vai dar mais uma chance...*" (Fragmento 3).

No Fragmento 2, André explicitava seu desejo, não mais de não viver, mas de não nascer enquanto este nascer estivesse subordinado a ser um autômato colado a um superego cruel (polícia), que não acolhia as suas queixas, mas reforçava o seu medo de viver mandando-o voltar para dentro (dessa identificação parental talvez possamos encontrar a gênese de seu método de esconder-se em si mesmo para afastar-se da dor).

No Fragmento 3, André parece encorajado pela minha fala que traduzia meu respeito à sua individualidade e autonomia a dar mais uma chance talvez a ele, talvez ao objeto (este encorajamento poderia ainda estar somente no nível da imitação).

Para a compreensão dos Fragmentos 1 e 2 mencionados, penso terem me sido úteis algumas ideias de Bion. Segundo Bion, o conteúdo das alucinações é o resultado da função alfa revertida e assim vista como "falta de sonhar" (Bion, 1967) e como violenta destrutividade do pensamento (Bion, 1965). Ele diferencia das alucinações, aquilo que cunhou de "transformações em alucinose". Descreve essas como um fenômeno que é puramente evacuatório, mas caracterizado por um baixo nível de desintegração do material projetado; assim são expelidos elementos sensoriais aos quais fragmentos de significado permanecem ligados. Resulta disso que o sujeito perceberá, em sua volta, coisas que já estão intrinsecamente carregadas de significado, sem a necessidade ou possibilidade de serem pensadas (Ferro, 1993, p. 48). Diversamente das alucinações, as transformações em alucinose implicam a percepção de "relações inexistentes", e não na percepção de "objetos que não existem" na realidade externa (Meltzer, in Ferro, 1993, p. 48).

Levanto as seguintes conjecturas: No Fragmento 1, André quando diz "*Vão se matar!*" e se afasta apavorado dos bonecos, parece enxergar um ódio capaz de concretizar em morte tanto a briga como a proximidade entre os dois bonecos. O que passa a existir é um objeto ódio-morte, e não mais os dois bonecos (objetos originais, os pais). Diferentemente, no Fragmento 2, o que André estabelece são relações inexistentes (criadas de acordo com suas necessidades), como: "*Voltando para dentro não nasce*"; "*Nascer já vira polícia*". Podemos conjecturar também que as experiências dos Fragmentos 1 e 2, por terem sido vivenciadas contando com a *rêverie* da analista, proporcionou a André des-integrar a própria experiência e reapresentá-la diante de si de uma nova forma e em um novo contexto, aquela da elaboração transferencial, do sonho.

II

Bion descreve fenômenos clínicos com consistência e, sem dúvida, nos proporcionou uma expansão do espaço mental para pensá-los. Até onde posso alcançar, sua preocupação essencial não nos parece ser a de postular uma sistemática teórica – conceptual que não seja a construção de sistemas dedutivos científicos abstraídos da experiência emocional. Esta por sua vez não pode ser concebida de uma forma isolada de uma relação.

Ele nos propõe um modelo acerca do funcionamento normal ou patológico da mente. A partir de uma função que ele denomina alfa (função pensante) e de acordo com o grau e forma de operatividade da mesma, dar-se-ão as distintas vicissitudes das sensações e emoções provenientes da percepção das situações emocionais. Isto é, estas, segundo Bion, transformar-se-ão em elementos alfa, barreira de contato, elementos beta e tela beta, podendo ou não se constituírem em experiências emocionais matrizes do crescimento mental.

A conceituação da atenção flutuante e da associação livre como as duas ferramentas primordiais do trabalho analítico evidenciam que Freud já realizava que o espaço analítico se constituía dentro de um contexto onírico. Bion desenvolveu e ampliou essa concepção, chegando a formular que o trabalho analítico ideal é aquele que ocorre justaposto na barreira de contato, a qual é produzida pela função alfa e passa a ser uma estrutura do aparelho mental.

Há de se notar no entanto, como refere Meltzer, que

> *o passo entre a emoção e o sonho que dá representação à emoção, Bion deixou envolto em mistério. E isso é importante, pois representa uma mudança de atitude em relação às pesquisas da mente que apartam a psicanálise das tradições da ciência para movê-la na direção da conjunção com a história da evolução da arte, da filosofia, da religião. (1992, p. 404)*

Talvez seja essa postura de Bion diante da leitura do fato psíquico o que mais contribui para a originalidade de seu pensamento.

A captação da operatividade da função sonhante propiciou e foi condição significativa para que se desse a apreensão e sinalização de movimentos emocionais fugazes, tênues, por vezes só perceptíveis por intermédio da pessoa do analista. Consequentemente, penso que a ressonância mais significativa das ideias de Bion em nosso trabalho tenha sido a de percebermos e destacarmos a originalidade e singularidade de cada experiência emocional e de suas realizações; a qualidade dessas experiências emocionais, assim como a leitura microscópica dos fenômenos clínicos, passaram a iluminar a apreensão do processo de funcionamento psíquico. Esse enfoque trouxe muitas implicações para a postura clínica do analista. A análise pós-bioniana não pode mais se contentar com falas ou leituras explicativas desprovidas da emoção viva, muito menos com leituras do fato clínico em que o analista não faça parte.

A situação clínica anteriormente mencionada pode também ser examinada sob o vértice dos movimentos da analista sustentados por sua função sonhante. Coexistindo com essa função sonhante há um eixo que norteia sua postura de observação, isto é, a experiência emocional da dupla ser favorável ou não à expansão mental do paciente.

A parceria com André ocorreu de diferentes maneiras. Por exemplo, quando ele movimentou seus bonecos e estabeleceu uma situação viva entre eles, e entre nós, não me pareceu necessário interferir na situação dizendo-lhe algo. O timão permaneceu com ele. Aqui não importou a avaliação do conteúdo emocional do fato, construtivo ou destrutivo, mas, sim, a possibilidade de André aproximar-se de suas emoções e ideias.

Em outros momentos nos quais as situações emocionais sejam por demais intensas, ocasionando dor insuportável (efrações), ou ainda em situações saturadas levando à evitação da dor, eu me ofereço (palavras) para tentar desobstruir o caminho para pensar (Fragmento 3).

Há ainda situações em que vislumbro outras alternativas de caminhos que não são aqueles mais transparentes dentro do campo analítico. Exemplo disso é quando digo: – "*Ufa! Quanto trabalho você teve!*", convidando André a olhar para algo que não está necessariamente à vista de nós dois, ou pelo menos, que eu percebo como algo que nasceu em mim ainda que inspirado por ele... Eu o convidei nesse momento a "olhar" e, quem sabe, poder realizar a situação emocional contida no ato defensivo de afastar ou eliminar o conflito; esforço esse que suponho não ser realizado por André, posto que ele se restringia a um universo repetitivo e automatizado no qual seu pensar sonhante (função alfa) mantinha-se paralisado pela busca mágica, alucinatória e evacuativa do conflito: "*Este não tem sentimento, é morto. Pronto! Assim, fim da briga*". Podemos conjecturar sobre o convite feito pela analista como um agir, baseado em sua função sonhante e propiciando a realização da experiência emocional contida na atitude defensiva. O convite foi exitoso à medida que levou André a revelar modelos que lhe eram fonte de ansiedade e a transformar os elementos beta usados para descarga em um pensar criativo (Fragmentos 2 e 3).

III. 1973-1996 – Ressonâncias

Acompanhei em 1973, pela primeira vez, as palestras de Bion em São Paulo. A linguagem usada por ele, a maneira com que colocava suas dúvidas e suas indagações perspicazes, sua postura enigmática, foram sem dúvida fatores que contribuíram para o grande impacto que os analistas de São Paulo viveram com esse encontro.

As ressonâncias foram imensas. No dia posterior ao final das conferências e seminários de Bion, muitos analistas faltaram ao trabalho. Chegou até mim a notícia de que "precisavam repensar sua forma de trabalho". O que pude avaliar naquela época – e hoje relendo as Conferências brasileiras (1973) – é que o novo que Bion trazia se referia principalmente à postura ou ao estado mental do analista trabalhando enquanto parceiro de um paciente; isto é, como duas pessoas podem ou não se favorecer de um encontro para a humanização do par dada a condição de *rêverie* de pelo menos um deles, no caso o analista. Bion convidava-nos a refletir sobre questões epistemológicas mais do que sobre modificações conceituais significativas do corpo teórico psicanalítico já existente; Bion, quando indagado por um colega se faria modificações na análise clássica para analisar esquizofrênicos, respondeu:

> *Não advogo quaisquer mudanças, simplesmente por ignorância. Não porque acredite que a ideia da análise clássica seja boa ou eficaz, mas porque não me lembro de nada melhor, e por má que seja, há que aceitá-la, a menos que se tenha boas razões para mudar. (Bion, 1973, p. 118)*

Bion nos despertou o interesse pela importância da captação da atmosfera e do vínculo relacional de uma sessão analítica. Grande foi a tentação de achar que ele trouxera algo de tão novo, que de nada mais serviria a compreensão dos postulados de seus antecessores. Engano. Bion sempre foi fiel às ideias de Freud em seu contexto básico. Pôde no entanto observar de forma mais acurada os fenômenos psíquicos, aqueles de sua clínica, os quais em sua essência Freud tinha posto a descoberto desde 60 ou 70 anos antes.

No último Fórum foi levantada a questão do uso do conceito de sonho em Freud e em Bion. Teria o sonho diurno referido por Bion o mesmo status conceitual que o sonho noturno? Seriam, como elementos constituintes e integradores da mente, os dois da mesma natureza? Bion nunca contrapôs um sonho diurno a um sonho noturno, mas sugeriu que o seu *dream-work-alfa* era diuturno, deixando implícito que poderia ser concomitante ao trabalho onírico proposto por Freud. Em *Cogitations* ele diferencia os dois trabalhos:

> *Os métodos do* dream-work- alfa *não são a mesma coisa que o trabalho de elaboração onírica, o qual está relacionado à interpretação de sonhos, mas são os recíprocos (opostos) do trabalho de elaboração onírica e são relacionados à capacidade de sonhar, isto é, transformar em sonho, eventos que são captados somente num nível racional, consciente. Dessa maneira, alfa é o recíproco (oposto) do trabalho de elaboração onírica. Além disso, sugere-se que o elemento de "resistência" no trabalho de elaboração onírica, como elucidado por Freud, é um composto de dois elementos: resistência como descrita por Freud; e, (segundo), um senso de necessidade de converter a experiência racional consciente em sonho, mais do que um senso de necessidade de converter o sonho em experiência racional consciente. O senso de necessidade é muito importante; se não lhe for dado significado e peso,*

> *o verdadeiro distúrbio do paciente está sendo negligenciado; ele é obscurecido pela insistência do analista em interpretar o sonho. (Bion, 1960/1992, p. 184)*

Nessa passagem o que consigo apreender é que Bion, ao mesmo tempo que amplia com precisão o conceito de *dream-work*, diferenciando-se de Freud, também busca encontrar pontos de semelhança com ele.

Retomando uma citação de Bion:

> *Voltando à questão de saber que linguagem é essa, falada embora não inteligível; o analista tem que fabricar algo que lhe permita saber aquilo que está acontecendo, do modo como Galileu – outra estória – teve que inventar e construir um telescópio antes que pudesse realizar quaisquer descobertas. Há mais de dois mil anos, Aristarco propôs uma teoria heliocêntrica, mas faltava-lhe equipamento, físico ou mental, com que pudesse confirmá-la ou refutá-la. Foi preciso muito tempo e a cooperação de muita gente até chegar a existir um instrumento para a observação dos fatos e para tornar possível a compreensão do que esses fatos significavam. Pode-se imaginar que Aristarco talvez tenha dito "Esses são os fatos; não sei o que significam, mas se muitos dos senhores, durante vários anos se reunirem, serão talvez capazes de ver a mesma coisa e até capazes de compreender o que os senhores vêem". (Bion, 1973)*

Penso que nesse momento, Bion conversava consigo mesmo na esperança, seja de desenvolver e ampliar as ideias de Freud, seja as dele mesmo. Fazendo uma conjectura imaginativa, por um lado vejo Bion identificando-se com Aristarco por perceber algo muito novo e revolucionário, mas sem instrumentos para apontá-los a contento; por outro lado, Bion poderia estar sugerindo ser Freud o desvendador de fenômenos psíquicos a quem ele ajudava a afinar o instrumento.

O ponto para o qual se dirigem as convergências e divergências teóricas é aquele no qual estão questões referentes a considerar Bion como um autor de novas concepções psicanalíticas, ou se ele é um fecundo seguidor de Freud e de Melanie Klein, e assim considerado um neo-freudiano-kleniano.

6. Sexualidade e cultura[1]

A cultura é algo vivo, concebida e fruto de vários pensamentos, ou seja, do intercâmbio sexual de várias mentes. Penso que a qualidade do algo novo a ser introduzido pelos comentários é que poderá variar, indo desde algo que se case com o que nos foi oferecido, que se erotize a partir dele e assim se utilize de sua inspiração, até aquele comentário que se faz autônomo, desconectando-se do que inicialmente teve como par. Essas duas possibilidades são, a meu ver, as expressões tanto da sexualidade viva, que instrumentaliza a cultura, como, por outro lado, a expressão do isolamento, do que divide, secciona, e que poderá levar a uma pseudocultura, não criativa, feita de uma somatória de conhecimentos.

Encontramo-nos diante de um tema que, sem dúvida, pertence ao estudioso da psicanálise e ao mesmo tempo aponta para dois aspectos que são muito mais amplos do que a sustentação da teoria

---

1 Este trabalho, em sua essência, foi base dos comentários feitos aos trabalhos de Dr. Dirceu de Santa Rosa e da Sra. Maria Silvia R. M. Valladares, na Mesa-Redonda "Sexualidade e Cultura", apresentado no 16º Congresso Brasileiro de Psicanálise, Gramado (1997).

psicanalítica pode lhes oferecer. Com certeza, na psicanálise está a sexualidade, na psicanálise encontra-se a cultura. Contudo, a sexualidade está envolta pelo grande mistério humano, tangendo a manifestações muitas vezes ocultas e aos seus aspectos incognoscíveis, e cultura, se no seu sentido restrito como característica individual tange evidentemente à psicanálise, no sentido amplo, aquele de Civilização, é mais abrangente que o campo de estudo da psicanálise.

Voltemos aos trabalhos a serem comentados: tanto Maria Silvia Valladares quanto Dirceu de Santa Rosa inspiram-se no Mito de Édipo para fazer a junção entre Sexualidade e Cultura, passos que foram muito caros a Freud, quando ele, a partir de Totem e Tabu e, posteriormente, dos dois pecados de Édipo, toma-os como os dois desejos primários que, recalcados, constituem o núcleo de todas as relações, assim como das psiconeuroses. Maria Silvia reporta-se a Freud dizendo: "Assim a civilização nasce com e pela repressão e não pode existir como corpo social sem a instauração de um sistema de repressão coletivo". É importante lembrar que no início de sua obra Freud se utilizava muito do conceito de repressão, e não o Complexo de Édipo como eixo da estruturação psíquica por intermédio do conceito de castração. A este, Freud deu como condição *a priori* aquela de regular a troca inter-humana enquanto troca de objetos sexuais. Nesse sentido talvez seja mais pertinente considerarmos a castração, e não a repressão, como instauradora do corpo social.

Maria Silvia Valladares destaca de "O Futuro de uma ilusão" e "O mal-estar na civilização" a visão freudiana de que há uma oposição entre o indivíduo e a civilização, "resumidas no antagonismo entre as necessidades humanas de satisfação erótica e a renúncia pulsional exigida pela vida em comunidade". A autora tece ainda comentários sobre o Sentimento de Culpa, destacando deste o aspecto de "conflito devido à ambivalência", assim como de "eterna luta entre Eros e o Instinto de Morte", aspectos apresentados por Freud, pelo fato de o homem viver em comunidade. Apresenta-nos então a vida atormentada de uma mulher de 50 anos, inteligente, culta, mas com qualidade de vida muito prejudicada pela presença de um Sentimento de Culpa intenso, sendo este um dos principais organizadores de sua vida psíquica.

Comentário I

Vale ressaltar que de meu ponto de vista, o antagonismo que porventura possa ser vislumbrado neste tema "Sexualidade e cultura" é errôneo, cabendo, isto sim, uma dialética profunda a ser considerada entre as duas áreas. Diz Octavio Paz: "Em sua raiz, o erotismo é sexo, natureza; por ser uma criação e por suas funções na sociedade, é cultura".

A percepção da variabilidade do conteúdo afetivo de um determinado Mito nas diferentes culturas, tendo como base uma mesma estrutura, nos transporta à função mental pela qual o Mito é criado, o Mito-Cultura: ser continente das Identificações Projetivas de um povo. Na linguagem de Freud isso equivale a ser recipiente adequado para projeções de ideias ou fantasias que o Homem não tem condições de integrar em seu Ego. Faço a ressalva de que os mitos, no entanto, são antes recipientes para ideias, provavelmente para ideias recalcadas, reprimidas ou condenadas pelo superego, do que continentes para afetos desgarrados de suas realizações, muito embora a mola propulsora para sua construção seja a força da pulsão criativa. Os Mitos, quando tornados defesas racionais, passam a ser apenas um instrumento para "sossegar" as ideias ou fantasias nascidas de uma sexualidade que não conseguiu continente para se desenvolver. Nesse sentido, o Mito teria um aspecto de sustentador do recalcamento e da repressão, e ainda que sendo ele mesmo um elemento de pensamento criativo, pode tornar-se um fator impeditivo da liberdade que ora expande, ora transgride. Assim, a qualidade do mito como instrumento para o desenvolvimento do homem vai variar de acordo com a possibilidade de seu uso: do maior ou menor grau de integração dos planos racional e emocional nele contidos. Podemos perceber nas falas de nossos pacientes que, muitas vezes, mitos-sonhos, prenhes de um pensar sonhante, podem, por medo ou dor, transformar-se em teorias estereotipadas usadas como defesas rígidas.

Penso que é justamente nesse ponto que a psicanálise poderá ter uma função de instrumento específico de desenvolvimento, diferenciando-se de outras áreas de cultura que também oferecem ao Homem o arcabouço do Mito como instrumento para lidar com "ideias e fantasias" que não conseguiram viver e realizar plenamente "suas histórias."

De que forma se dá essa especificidade da psicanálise em relação às outras disciplinas? Diz Freud: No processo de recalcamento-repressão-cultura, o que é reprimido são as ideias, e não os afetos. Estes continuarão à procura de novas ideias com as quais se ligar. É a esse afeto solto (sexualidade pura ou erotismo sem destino) que a psicanálise poderá oferecer sua complementação propícia ao crescimento mental do paciente. Isso se dará no acontecer transcendental da dupla analítica por intermédio da parceria transferencial que o analista seja capaz de atingir e oferecer ao seu paciente. É nesse espaço transcendental da transferência que sexualidade e cultura se fundem e se recriam, submetendo-se e transgredindo as leis que ora diluem, ora ressaltam a alteridade. É como fruto da relação transferencial que poderão existir transformações-humanizações que resgatarão o paciente tanto de imitar os deuses em suas grandiosidades, quanto da atitude "civilizada" concebida na repressão perversa, por meio da obediência e da submissão completas ao pai, à ordem, esmagado que está pelo peso da primitiva culpa edípica.

Na relação da dupla analítica (transferência e contratransferência) poderá acontecer um novo balizamento da sexualidade-cultura sem que uma mantenha ou se transforme na patologia da outra. Para a realização desses momentos de vida, sem dúvida é necessário que o analista se encontre presente de "corpo e alma" na relação. Como diz André Green: "Proponho conceber a sexualidade, tal como a psicanálise no-la fez aparecer e interpretar, como constituindo uma corrente erótica". Muitas vezes em nossas clínicas deixamos de seguir, com base no material, a dinâmica do processo erótico, muito embora a focalização deste processo deva ser sempre concomitante à focalização do processo destrutivo. Se essa corrente erótica seguir à margem daquilo que é denunciado na sessão, corre-se o risco de estar convidando o paciente a um completo recalcamento de seu erotismo ou ainda de propiciar atuações calcadas em uma sexualidade experienciada no suceder analítico, mas não verbalizada e elaborada pela dupla analítica. Puro medo do analista? Medo da expansão da sexualidade, enquanto ela mesma, ou medo das transformações junto à capacidade de pensar mobilizadas pelas demandas de "trabalho" que, a partir do corpo, a sexualidade faz à sua mente? O destino da sexualidade e do erotismo do analista no encontro analítico serão tratados a seguir.

Comentário II

Freud coloca a origem da psicossexualidade na interseção do somático e do psíquico. "Deste espaço se organiza o psiquismo, área da cultura individual, ruptura com a natureza. Assim, não há, nesta configuração, ato humano ou pensamento carente de raiz sexual" (Nosek, 1996). O analista, homem ou mulher, está no encontro analítico com toda sua sexualidade.

Reportemo-nos a Norberto Carlos Marucco em sua contribuição oficial ao 40º Congresso de Barcelona: "Nossa clínica psicanalítica cotidiana será o espaço em que observaremos (ativamente) o encontro entre a paixão da pulsão libertadora e a presença do objeto que exige a idealização (castração?)". O analista terá que se confrontar continuamente com a dialética entre pulsão e objeto sendo o principal alvo de todas as suas vicissitudes, por exemplo, aquela das Identificações projetivas. Freud assinala em "Psicologia das massas e análise do ego" que no processo de enamoramento, quanto maior a postergação da pulsão sexual, mais se gerava a idealização do objeto; em seu grau máximo, o da anulação da sexualidade levou ao poderio da hipnose.

As teorias da neutralidade e do analista como espelho, que foram fundamentadas na condição ética da sexualidade do analista, passaram a ser muitas vezes um escudo rígido no relacionamento do analista com o paciente. Essa má interpretação teórica deveu-se provavelmente a dificuldades do analista ou de sua técnica, à medida que a luta desencadeada pela demanda das pulsões amorosas e destrutivas tornou-se um desafio à maturidade emocional do analista ameaçando o seu narcisismo, estimulando e ao mesmo tempo requerendo a repressão de sua sexualidade. Obviamente isso não implica que a sexualidade como um dos pilares básicos da psicanálise tenha sido abolida da teoria psicanalítica, mas antes, que as dificuldades técnicas do analista referentes a como lidar com sua sexualidade sejam numerosas.

Inspirados no pensamento de Marucco podemos observar as dificuldades do analista quanto à qualidade e expressão de sua sexualidade no encontro analítico; ou seja, para que ele possa chegar a alcançar um ponto de harmonia entre seu poder provisório enquanto objeto idealizado, estimulador das chamadas "pulsões de apego" e sua capacidade de desmontar esta idealização, resgatando-se por intermédio da transferência como objeto de desejos erotizáveis e erotizantes.

De todo jeito em sua função, caberá ao analista lado a lado com o analisando, abrir, dentro do campo analítico presente, novos caminhos para a pulsão: "sua repressão mais adequada em alguns casos, seu nascimento ou recriação em outros e sua inscrição como fantasia nas patologias mais severas" (Marucco, 1997).

Em síntese, para que a clínica psicanalista volte ao seu lugar "humano" e de propiciadora de humanização, é necessário que o analista abandone a tentação de um Poder idealizado que o analisando tende a lhe oferecer, e ao mesmo tempo se exponha às situações conflitantes que lhe serão impostas pela alteridade adulta e genital de seu paciente. Para citar algumas: a dor das decepções, a aceitação das frustrações, a verificação da alteridade em seus aspectos de diferença entre os sexos e entre as gerações etc.

Utilizando-nos da contribuição de Dirceu de Santa Rosa, ressaltamos o quanto é necessário que o analista possa se aproximar do Édipo do Renascimento ligado não a um narcisismo dos deuses sem limites e sem a passagem pela castração, mas ligar-se a um narcisismo protetor da vida, cuja vida psíquica-cultura é capaz de impregnar-se de sua própria sexualidade ao mesmo tempo que esta cultura lhe favoreça condições de uma satisfação mais plena e refinada, pela sua possibilidade de simbolização e metaforização.

Comentário III

Finalizando, gostaria de acrescentar uma contribuição que os trabalhos me estimularam a refletir: a necessidade de que, em nossa tarefa clínica, não se estreite demais o espaço do desejo edípico, que por vezes pode chegar até mesmo à sua abolição; ou ainda, que numa análise haja lugar para o acolhimento de pulsões parciais, sem que estas de imediato sejam colocadas no plano das assim chamadas perversões.

A sexualidade, quando olhada em seu todo, na maravilhosa diversificação de suas expressões culturais, é uma colaboradora fundamental para a expansão do pensamento, assim como dá origem a toda sorte de construções imaginárias e míticas. O que seria da criatividade individual se a raiz da formação de suas fantasias fosse ceifada? O que quero então trazer para objeto de reflexão desses momentos, inspirada pela focalização dos trabalhos apresentados, é a possibilidade e, por vezes, a necessidade, da clínica analítica acolher a transgressão contida no processo primário como algo favorável ao desenvolvimento do paciente. Negar *a priori* essas transgressões, ou apenas considerá-las como atuações indesejáveis ao processo analítico, seria o mesmo que supor uma análise utópica na qual apenas o processo secundário tivesse lugar; ao se considerar toda e qualquer expressão do processo primário uma aberração da maturidade estaríamos de imediato "castrando" a criatividade libertadora e, assim, a expansão do pensamento criativo. Essas condutas perversas que podem acontecer na clínica são sem dúvida a antipsicanálise.

7. As duas vias do desamparo

Uma contribuição clínica[1]

E agora, José? A festa acabou, a luz apagou, o
povo sumiu, a noite esfriou, e agora, José?

E agora, você? Você que é sem nome, que zomba dos outros,
você que faz versos, que ama, protesta? E agora, José? [...]

Com a chave na mão, quer abrir a porta, não existe
porta; quer morrer no mar, mas o mar secou; quer ir
para Minas, mas Minas não há mais. José, e agora?

Sozinho no escuro qual bicho-do-mato, sem
teogonia, sem parede nua para se encostar,

Sem cavalo preto/ que fuja a galope, você marcha,
José! José, para onde?

(Drummond de Andrade, 2011, p. 30)

Subjacentemente às situações angustiantes de desamparo vividas em nosso cotidiano está a dor daquele sem nome, daquele que vive fora de si. Refiro-me à condição de desamparo unida à angústia

1 Artigo original de 1998. Publicado na *Revista de Psicanálise da SPPA*, *19*(2), 415-430, 2012.

originária (*Urangst*)[2] postulada por Freud, quando esta não tiver sido suficientemente acolhida e, então, experienciada e elaborada. Para nosso trabalho clínico é importante diferenciarmos condição (existencial) e situação (acidental) de desamparo.

> *O que no meu modo de ver aponta para a originalidade do desamparo em relação à angústia, naturalmente sem cristalizar aquilo que os distingue, é que a angústia indica que a vida psíquica permaneceu, que continua a ser vivida embora muitas vezes fora de si, na abertura sobre o outro, para o outro. Um outro que não responde ou responde mal. (André, 2001, p. 8)*

A angústia mobiliza, o desamparo paralisa.

Ao repensar a natureza da angústia em "Inibição, sintoma e angústia", Freud (1925-1926) descobre, no desamparo primordial do nascimento, a angústia em sua forma originária, a *Urangst*. Ela será o protótipo das angústias posteriores, ao mesmo tempo que a vivência de desamparo se revela como experiência estruturante da subjetividade e da condição humana por estar intimamente articulada aos conceitos fundamentais do inconsciente e da angústia. Embora não haja em sua obra um estudo sistemático da noção de desamparo, percebe-se que essa noção a atravessa toda. Não deve ser considerada como uma fatalidade intransponível, e sim um desafio a vencer.

---

2 Nota da autora: Segundo Freud, *a mais antiga ansiedade – a ansiedade primeva do nascimento – ocorre por ocasião do nascimento.* "Urangst": "ansiedade primeva", em *Inibição, sintoma e angústia* cap. VIII, p. 161, v. 20, Rio de Janeiro: Imago, 1969. Essa palavra "*Urangst*" tem tido vários termos sinônimos em sua tradução: angústia primordial, originária e primeva.

Para Freud, o inconsciente é o Outro ao mesmo tempo que se constitui nessa relação primária com o Outro (Rocha, 1999).[3] Ninguém nasce humano; torna-se humano na interação afetiva com o Outro, uma mãe que o acolhe (França, 2009). É o olhar amoroso, desejante e erotizante da mãe, que nomeará o bebê, atraindo-o e convidando-o primeiramente para o seu próprio interior, no qual ela elabora suas angústias e depois o deixa partir para a aventura de retornar a si mesmo. Desse olhar também nascerá a convicção de existir (ser) (Costa Pereira, 2008),[4] ao se reconhecer como objeto erótico do desejo do Outro, no caso a mãe. Essas ideias relativas à convicção de ser/existir advinda de ser reconhecido como objeto erótico para o Outro, se, por um lado, permeiam a obra de Lacan quanto à constituição do sujeito e à aquisição da subjetividade, por outro também podemos encontrá-la com bastante semelhança na obra de Winnicott, embora com enfoques teóricos diferentes. Para este autor, o precursor do espelho é o rosto da mãe, recaindo então a ênfase no olhar amoroso da mãe no qual o que o bebê vê é ele mesmo (Winnicott, 1975). O ponto de encontro entre os dois pensadores situa-se na concepção de que a estruturação do ser, com a correspondente noção de existir, está na mútua interação física e psíquica do bebê com o objeto mãe (na leitura desses autores encontramos o reconhecimento de ambos quanto à colaboração mútua para suas ideias). Se houver desencontro nessa parceria, sempre de duas vias, self-objeto, permanecerá a condição de desamparo relativa à angústia originária quanto à desvalia de ser.

Freud (1950 [1895]) diz no Projeto de uma psicologia que

---

3 Esse termo, o Outro com letra maiúscula, foi introduzido por Lacan, pela primeira vez em 1955, que muito desenvolveu a ideia aí contida. Talvez por isso seja sempre lembrada como de J. Lacan. No entanto auxilio-me de Zeferino Rocha: "como quer que seja, apesar dessas alternâncias, é inegável que, para Freud, o Inconsciente é o Outro. Assim ele o apresenta, quando define seu estatuto metapsicológico no artigo de 1915 – *Das Unbewusste* (Rocha, 1999, p. 333).

4 Expressão usada por Costa Pereira em aulas ministradas na Casa do Saber, São Paulo, em junho de 2012.

> *O organismo humano é no início incapaz de levar a cabo a ação específica. Ela se efetua por ajuda alheia, à medida que, através da eliminação pelo caminho da alteração interna, um indivíduo experiente atenta para o estado da criança. Esta via de eliminação passa a ter, assim, a função secundária da mais alta importância, de comunicação, e o desamparo inicial do ser humano é a fonte originária de todos os motivos morais. (p. 32)*

Nela haverá uma dor sem condição de palavras: apenas do berro à mudez impedindo um grito de revolta e permanecendo o silêncio do pedido de socorro, de ajuda, de proteção e de amparo. Uma paciente – paciente 1 – (França, 1999) me conta um sonho recorrente há muitos anos: "*Do que você se queixa?*", dizia-lhe uma figura negra e estática. "*Eu acordava com uma bolha de cuspe na boca*" impedindo-a de gritar e retirando sua respiração. Outras vezes acordava enrolada em seu lençol, imobilizada. Pessoa de alto nível social, chegou a sair de casa nua, de madrugada. "*Eu procurava alguma coisa, não sei o que eu queria*", disse-me mais tarde. Como um paradoxo, essa paciente se alternava entre socorrer a muitos, dada sua boa condição financeira, e uma indiferença afetiva sem angústia alguma em situações em que se espera que ela apareça (falar da morte de seu bebê ou de amigos "queridos"). Parecia também não se dar conta de suas inúmeras faltas à análise. "*Há quanto tempo eu não venho? Ah, eu queria tanto vir*". Por vezes sua ausência chegava a um mês.

O encontro-desencontro permanecerá como um vácuo de afeto, uma angústia sem conteúdo, mas em constante espera passiva ou procura alucinada do Outro como apoio, para se acomodar dentro de si mesmo a fim de satisfazer suas necessidades vitais de sobrevivência física e psíquica. Para Freud, tendo como seguidor Lacan, que muito desenvolveu esta questão que percorre quase toda sua obra, é na relação primária com o Outro que se encontra a situação primordial do desamparo (*Hilflosigkeit*) quando esta não puder ser experienciada exitosamente. Desse ponto de vista, a condição humana de desamparo não é só biológica, mas significa também uma situação de desamparo diante do desejo do Outro. Inegavelmente foi Lacan quem teve o merecimento de ressaltar essa dimensão do desamparo do ser humano em geral e da criança em particular, constituída pelo enigma do desejo do Outro: "Na presença primária do desejo do Outro como opaco, como obscuro, o sujeito está sem recursos. É um hilflos" (Rocha, 1999, p. 335).

Em minha experiência, a ação, ou o desejo do Outro, quando não amorosos e erotizantes e assim não sintônicos com as necessidades do bebê, deixarão marcas de intrusão apontando apenas para o desejo de posse ou/e de poder da alteridade. Se essa situação for profunda e constante, instala-se como contrapartida o modelo defensivo da indiferença afetiva, contra a dor diante da vivência de desamparo (França, 2012). O viver em constante indiferença afetiva anula a possibilidade fundamental de acesso ao inconsciente para a instalação da subjetividade, ao mesmo tempo que retira a esperança e o significado da vida. Essas pessoas talvez deixem de sofrer, mas perdem a característica que as torna humanas, isto é, a criatividade em seus vínculos afetivos.

Observamos que a indiferença afetiva, quando em grau defensivo extremo, associada à angústia originária faz com que as vivências do sujeito não sejam percebidas nem dentro de si mesmo, nem dentro do Outro. Faz dele mero zumbi ou marionete do desejo do Outro e/ou do Social. Alguns, apesar do malsucedido primário, encontram um *modus vivendi* em seu cotidiano. Esse será, no entanto, mero arremedo estereotipado sem significado profundo para eles, mas adaptativo aos modelos de vida que lhes foram impostos. Essas observações da autora aproximam-se muito dos conceitos de falso-self de Winnicott (1975) e de *as if* de Helene Deutsch (1991), embora esses autores não se refiram propriamente à indiferença afetiva. Para o observador, no caso o analista, transparecem neles o anonimato e a mediocridade da qualidade de vida.

Paciente 1

Essa paciente ficou em análise por cerca de quinze anos e dizia: – "*Terei que ir a essa festa; se me sentir insegura, farei como uma rainha faz: levanto a cabeça e atravesso sem olhar para ninguém*". Note-se que a paciente refere-se ao fazer, e não ao ser. Ela utiliza-se dessa ideia de como é uma rainha, mas não da experiência. O externo substitui o interno, permanecendo o desamparo. Nessa festa, como em muitas ocasiões, a paciente recorreu à bebida em excesso, ficando de fato fora de si como alívio para sua angústia subjacente e a decorrente insegurança (França, 1999).

É interessante notar que, paradoxalmente, muitas vezes a queixa de vida sem sentido, sem satisfações e sem sentimentos, ainda que levemente percebidos a angústia ou o desamparo subjacentes, é muitas vezes a porta para procurar-se a análise. Algo me dava alento para trabalhar com a paciente 1: em nosso primeiro encontro, depois de falar atropeladamente e com pouco nexo sobre fatos de sua história, que já fizera quatro análises (dois analistas tinham morrido durante o processo), com quem era casada, que dinheiro não era problema, poderia pagar-me o que eu pedisse, disse-me, atravessando-me com os olhos, mas sem fixar-se em mim e após um silêncio: – "Eu *não sinto mais nada … isto não pode estar certo … você me aceita?*".

> *No meio do caminho tinha uma pedra/ tinha uma pedra no meio do caminho/ tinha uma pedra/ no meio do caminho tinha uma pedra. Nunca me esquecerei desse acontecimento/ na vida de minhas retinas tão fatigadas./ Nunca me esquecerei que no meio do caminho/ tinha uma pedra/ tinha uma pedra no meio do caminho/ no meio do caminho tinha uma pedra. (Drummond de Andrade, 2011, p. 267)*

Volto novamente a Drummond, supondo que, ao recordar-se da pedra no meio do caminho, ele se referia a uma aprendizagem pela experiência vivida, agora desafio e sustento para suportar outras tantas.

O desafio analítico

Desde que a condição de desamparo é uma marca no psíquico humano, na relação com pacientes sempre encontramos, em maior ou menor intensidade, as marcas de desamparo deles e nossas. Como no modelo do caleidoscópio, inúmeras são as figuras que se formam. Nessas figuras de desamparo, mais do que em outros vínculos analíticos, é importante a leitura diferenciada entre a semente de desamparo do analista e o que vem do paciente. Justifico: a vivência de desamparo, por ser por demais sofrida e, na maioria das vezes, submersa ou mascarada, quando apontada para o paciente fora do *timming*, traz geralmente desorganização, um misto de humilhação e arrogância, repetindo-se uma vez mais a vivência ou sentimento de não ter apoio e alívio para seu sofrimento. Jacques André aponta para a dificuldade transferencial dessa situação quando alude ao lidar-se com pacientes sem ou com pouca noção de si mesmo: "Como apontar para a falta de algo que não existe?" (Almeida, 2001, p. 8). Percebo que esse autor e outros – Winnicott, Bion, Ogden – colocam a paciência como atributo primordial do analista para lidar com tais situações.

Paciente 2

Chegou adolescente, com 14 anos. Nosso trabalho teve a frequência de cinco sessões semanais, sendo atendida por vezes também aos sábados. Essa seria a última chance de tratamento que seus pais lhe davam. Já tinham em vista uma clínica interna para pacientes autistas. Segundo eles, seu diagnóstico era de autismo secundário, pois, no período dos 2 aos 5 anos, chegou a ter uma linguagem bastante compreensível e comportamentos que revelavam um desenvolvimento razoável (*sic*), tendo, inclusive, sido matriculada em escola normal, porém dispensada. Bem cedo (com quatro anos?), sua mãe, necessitando trabalhar, trancava-a sozinha em casa por não ter com quem deixá-la. Seus pais, muito de passagem, relacionaram esse fato às dificuldades posteriores. Quando a conheci, poucas eram suas frases completas e com o sentido usual. Inicialmente sentava-se na poltrona virada para o lado oposto ao meu. Sem dúvida havia intencionalidade em suas atitudes mais ou menos conscientes. Quase não olhava diretamente para as pessoas, cobrindo o rosto com os cabelos, ou conseguia, não sei como, deixar apenas o branco de seus olhos à vista. Quando me encarava, o olhar denunciava rancor e desconfiança. Andava desmontada, com os ombros caídos e a cabeça baixa. Por vezes esse desmonte era substituído por uma postura muito rígida, de general, plena de arrogância. Depreendia-se daí uma mensagem sua: não vem que não tem. Paradoxalmente, essa arrogância assim como o olhar rancoroso eram sem dúvida as expressões mais vivas de apresentação e de verdade consigo mesma.

Permanecemos mais de seis meses quase em silêncio ou com poucos diálogos, alternados por pequenas histórias que eu ia lhe contando. Depois de um curto período de oposição ao tratamento, tornou-se muito assídua e, após alguma falta minha, chegava com a fisionomia raivosa. Negava ter sentido falta de nosso encontro, sacudindo indiferentemente os ombros. Fui aos poucos decifrando a linguagem sensorial de sua fisionomia e gestos. Também aprendi sua expressão verbal, na qual parte de suas palavras eram comidas, outras inventadas, mas sempre com forte acento concreto. Familiarizei-me, sobretudo, com a sonoridade de sua voz. Esta era bastante variada e muito expressiva. Fui percebendo que a adolescente tinha uma inteligência razoável, ao mesmo tempo que ficava evidente a intensidade de suas defesas denunciadoras de muita raiva pela desvalia que sofria. Raiva e desespero diante de frustrações ela podia e sabia expressar, embora com palavras soltas e, por vezes, com episódios de quebrar tudo que tivesse pela frente. Também havia o oposto: encolher-se e paralisar-se, parecendo diminuir até de tamanho físico. Nessas situações sua linguagem verbal se fracionava por inteiro.

Procurar nos mantermos vivos junto ao paciente que percebemos dentro de nós parece ser o caminho possível para captarmos sua vida vivida fora dele. Arrisco-me a dizer que provavelmente estaremos prenhes de suas identificações projetivas (fantasias, angústias e defesas), pois nossas sensações e angústias se alternam constante e rapidamente nesses casos.

Talvez um dos momentos profissionais mais significativos para mim, cuja lembrança permanece viva após tantos anos, foi o que vivi com a paciente número 2. Chegou transtornada e repetindo muitas vezes: "*mi peto, mi peto*". Não consegui decifrar o que ela dizia, mas outras palavras confusas indicavam referir-se a algo de sua mãe. Do encontro desse dia guardo a lembrança de seu clima angustiante e a luta para não deixar que a aflição me contaminasse levando-me a me desligar de Cristina. Senti-me muito angustiada e, estranha percepção, meus seios reagiram como quando estiveram cheios de leite. À tarde me telefonaram informando que a mãe da paciente tinha ido às pressas para a Suécia submeter-se a uma cirurgia de câncer de mama. Veio-me à mente: mi peto, comi o peito. O mistério se desfazia. Ao recebê-la no dia seguinte, senti novamente contrações em meu peito. Cristina não chegou agitada, mas apática: o corpo caído, a cabeça baixa e poucas palavras. Procurei não falar de raiva, e sim de seu medo, pois a paciente tinha o estigma de raivosa e sua irritação parecia ser antes expressão de desespero que de raiva. Também enfoquei primeiramente a falha do objeto para depois referir-me ao seu ressentimento. Aos poucos ela foi virando-se para o meu lado ao mesmo tempo que ganhava mais postura. Não sei o que mais lhe disse, mas recordo minha sensibilização, acolhimento e responsabilidade que sentia por ela.

Apresento essa paciente primeiramente por ter percebido por intermédio dela o que são situações intensas de desamparo; é óbvio que o episódio relatado foi apenas expressão acentuada do que ela me transmitia todos os dias. Sua história apontava para falhas profundas seja quanto ao amparo físico, seja quanto à continência de suas emoções, o que a mantinha em um estado de pouca integração. Talvez, na incompreensão de suas demandas, a mais significativa tenha sido a de os pais não perceberem o significado de seu negativismo, assim como de suas explosões de ódio. "*Não aguentamos mais essa menina, ela é uma raivosa*", disseram-me eles na entrevista inicial. Minha hipótese é de que Cristina foi bastante privada do olhar erotizante da mãe (lembrei-me nesse momento que essa era aflitivamente estrábica).

A paciência necessária para o ofício analítico se refere a esperarmos que algo mais delineado se configure; por vezes são meras associações livres com fugazes fantasias ou imagens, mas que geralmente têm valor analítico. Os gestos, expressões fisionômicas, cheiros, o som do silêncio, atos falhos serão bons aliados. Os sonhos, ou seu relato, em geral menosprezados e mesmo escondidos de início, surgirão com o tempo. Os silêncios e as falas do analista irão se alternando constantemente. É interessante notar que nem sempre esses pacientes, com déficit da noção de si mesmos, são pacientes que não "falam". Muitos são máquinas de expor fatos e emitir ideias dissociadas da angústia subjacente, o que os leva à não sintonização com o que lhes falamos. Com o tempo essas situações de defesa irão se tornando mais familiares com o uso do conhecimento de sinais inconscientes: ritmo e tonalidade de voz, atos falhos repetidos ou gestos e expressões que os acompanham. Mesmo assim, temos que ter presente o *timming* de nossas comunicações, posto que nessas defesas está contida toda a luta pela qual o paciente manteve uma estrutura psiconeurótica que o fez sobreviver. Muitas vezes, o fruto ainda não está maduro para ser colhido.

Paciente 3

Essa paciente encontra-se há quatorze anos em análise. Cresceu excepcionalmente em sua profissão. Casou-se cinco vezes, sem quase nenhuma reflexão sobre o parceiro. Parecia que o importante era estar casada. Extremamente fechada para relações afetivas profundas e estáveis, não falava em sofrimento e conseguia apresentar uma vida de somente sucesso. Sua dor psíquica não me parecia estar ausente como indicavam as muitas somatizações, mas a deixava de lado e não admitia que se tocasse nela. Faltava às sessões quando nos aproximávamos do tema. Durante anos, ainda que *en passant*, foram essas somatizações os únicos desconfortos verbalizados, mas em seguida dissolvidos, quando aprofundados pela analista. A paciente respondia com um sorriso e um "talvez". Suponho que esses apontamentos eram aceitos por se referirem ao seu corpo concreto, tornando-se assim possível para ela conferir o estrago causado por mim e, ao mesmo tempo, manter seu controle junto à temida invasão psíquica. Esta, sem dúvida, iria desembocar na desvalia e na solidão presentes, porém soterradas em seu mundo psíquico. Assim, queixas referentes ao desconforto psíquico, quando tratadas transferencialmente, eram refutadas de imediato: "*se eu desconfiar de você, então em quem mais eu poderei confiar? Se eu te visse autoritária, eu já estaria longe daqui, pois foi essa coisa que estragou minha vida*". A leitura que eu fazia dessas suas respostas era a de que caminhávamos, pois pelo menos ela me dava alguma resposta. Minha interpretação ativara a verbalização de suas defesas, como se pode ver em sua resposta espontânea, embora não devessem ser apontadas de imediato, mantendo as dissociações ainda necessárias para não romper o tecido idealizado da analista como um objeto de confiança e de amor. Assim, somente após muitos anos de trabalho analítico suas defesas profundas foram sendo trabalhadas e parcialmente percebidas pela paciente. Essas dissociações profundas em sua vida emocional e afetiva que a levavam a viver parcialmente "fora de si" tiveram consequências penosas para a paciente. Alheia às dificuldades de sua empresa, por duas vezes foi traída por altos funcionários nos quais confiava, chegando quase a perdê-la. Na segunda vez, já podendo perceber o espaço (destrutivo?) que lhe cabia nessas situações, pôde utilizar sua força para enfrentá-las, quando anteriormente essa era usada apenas para o sucesso imediato, encobridor de seu desamparo. Aos poucos a descida ao inferno solitário e temido tinha chegado, ao mesmo tempo que adquiria a suficiente confiança de poder aproximar-se da desconfiança em si e na analista. Primeiramente pesadelos, demonstrativos de suas negações ao sofrimento e desamparo, acompanhados de falas e choros ainda dormindo. Casas demolidas, desertos, invasões de água e de fogo, perdida, atacada, hotéis perigosos. Nunca pessoas, parentes ou amigos. "*Outra vez não há casa para mim... Será que eu nunca vou sonhar que estou em uma casa ou segura?* ". Sonhos também indicavam o viver fora de si: "*não sei bem, eu estava dormindo ou trepando no corredor pegado à minha sala de presidência... eu só via a placa indicadora da presidência, mas não me mexia*". Esse sonho foi usado por ela por muito tempo como referencial de suas negações e dissociações. Atravessamos períodos de muita melancolia, isolamento, descrédito em si mesma. Muito medo. E foi necessário o recurso de medicações. Com o decorrer do tempo, sempre espantada por lembrar-se, foi me contando situações da infância sobre as quais "tinha posto uma pedra". "*Eu, por um tempo, dormi com minha avó, no chão, para dar espaço a ela, e ela nunca dirigiu uma palavra para mim*". "*Minha casa vivia às escuras e cada um de nós em seus quartos. Não tínhamos nenhum diálogo. Era cada um por si*".

Talvez "esse cada um por si", filho dileto de um superego severo, seja mesmo difícil para o analista suportar sem apontá-lo. A tendência do analista é de não acolher simplesmente a queixa como tal e passar diretamente à situação do desamparo subjacente e impeditivo de uma integração mais consistente, sobretudo pelo fato de que a dor do desamparo aparece geralmente recoberta de distância arrogante. A vivência de desamparo, seja ela existencial ou acidental, dependendo de seu grau, mobiliza e desestabiliza a estrutura ou a dinâmica narcísica primária ou secundária (ativando a humilhação, por exemplo) tornando-se fonte para todas as defesas posteriores. Infelizmente, quando nos dirigimos às situações de desvalia, nem sempre estamos atentos a essa dinâmica e mobilizamos em tempo inadequado aspectos ligados ao narcisismo primário, como humilhação, arrogância, indiferença afetiva, ódio, ou desconfiança, levando o paciente a um choro copioso e desesperado por tangermos sua desvalia, quando ainda lhe faltam recursos de continência interna para lidar com ela. "*Não, não é isso... eu sei cuidar da minha vida...*". Rompemos assim nossa compaixão talvez pelo fato frequente do desamparo profundo do paciente mobilizar o nosso. Aprendi também que minha honestidade deve ser cuidadosamente medida quando digo ao paciente que não sei do que se trata o que ele me diz. Em estados ou situações mentais nos quais a vida ainda se encontra fora de si mesmo, a necessidade e a exigência do paciente de onipotência do analista é intensa, para que ele também possa sentir-se suficientemente poderoso como autor da mãe e de si. Tomando emprestadas ideias de Winnicott, "A adaptação da mãe às necessidades do bebê, quando suficientemente boa, dá a este a ilusão de que existe uma realidade externa correspondente à sua própria capacidade de criar" (1975, p. 27). Assim, é apenas a partir dessa ilusão de onipotência da mãe que o bebê poderá construir a sua própria – eu sou o seio, eu sou –, alicerce básico para aceitar-se como autor de sua própria vida, passando de agente do desejo do Outro para sujeito de si.

> *O vislumbre do bebê e da criança, ao verem o eu (self) no rosto da mãe e, posteriormente, num espelho, proporciona um modo de olhar a análise e a tarefa psicoterapêutica. Psicoterapia não é fazer interpretações argutas e apropriadas; em geral, trata-se de devolver ao paciente, em*

> *longo prazo, aquilo que ele já traz. É um derivado complexo do rosto que reflete o que há para ser visto. Essa é a forma pela qual me apraz pensar em meu trabalho, tendo em mente que, se o fizer suficientemente bem, o paciente descobrirá seu próprio eu (self) e será capaz de existir e sentir-se real. Sentir-se real é mais do que existir; é descobrir um modo de existir como si mesmo, relacionar-se aos objetos como si mesmo e ter um eu (self) para o qual retirar-se para relaxamento.* (Winnicott, 1975, p. 161)

Muito resumidamente, apresentei fragmentos do trabalho com três pacientes para as quais a noção e vivência de si eram bastante falhas e que, ao iniciarem suas análises, pareciam ter vivido até então sem noção autêntica de si, o que trazia sérios prejuízos para seus vínculos afetivos e condução de suas vidas. Eu as escolhi por apresentarem sintomas diferenciados em suas expressividades, mas tendo em comum o tormento do sentirem-se sós e sem apoio, embora quase nunca isso tivesse sido expressado verbalmente e mesmo registrado por elas. As três pacientes tinham atingido uma estrutura psiconeurótica, porém bastante diferenciada em seus graus de integração. Considero que as três tinham força de vida, sendo este talvez o principal elemento para chegarmos às bases de seu self, conseguindo transformações fundamentais para viverem melhor. Faço então algumas conjecturas: nas três encontramos déficits bastante acentuados no que se refere à qualidade afetiva dos vínculos maternos. A mãe da paciente 1 parecia, evidentemente, ter vergonha das dificuldades da filha, pois ela não respondia a nenhum desejo do casal, desde o fato de que desejavam um filho homem. Negavam as necessidades e dificuldades básicas da menina, como podemos ver nos fatos de deixá-la sozinha e/ou na matrícula em escola normal. A mãe da paciente 2 parecia ter uma estrutura narcísica acentuada, tendo a paciente relatado episódios surpreendentes de indiferença afetiva da mãe junto ao sofrimento da filha. Por exemplo, fazer o enterro do primeiro filho da paciente, levando três dias para comunicá-lo a ela, justificando que não era necessário que outros soubessem desse insucesso. A paciente tinha então 17 anos. A terceira paciente apresentava uma integração de personalidade bastante razoável no que tangia à vida profissional. No entanto, aos poucos foi deixando transparecer a dificuldade profunda de estabelecer vínculos afetivos estáveis. Depois de bom tempo de análise, pôde me dizer: "*de fato, meus braços terminam no cotovelo, não tenho braços para abraçar*". Disse-me há pouco: "*acho que minha mãe nunca me olhou como filha*". Ela é muito responsável e cuidadora de sua mãe, mas comentou: "*não sei se algum dia eu poderei ser vista com tal*". Essa mãe conseguiu lhe proporcionar estudo e cultura, mas por certo chegou à filha o trancamento defensivo de quem foi expulsa de sua terra e veio escondida para o Brasil. Provavelmente o silêncio que reinava em sua casa era o silêncio do segredo sobre a origem de sua mãe, da qual somente há pouco tempo a paciente se inteirou.

Todas essas conjecturas foram dirigidas para a qualidade do ambiente, mãe-continente, mas obviamente são recortes de um todo muito maior no qual contam bastante as características do mundo interno de cada uma delas. No entanto, nesta seleção, quis retratar a fundamental importância do acolhimento analítico para que sejam metabolizadas e assim simbolizadas as angústias mais primitivas, responsáveis em grande parte pela manutenção da desvalia que paralisa a mente e reduz a criatividade e a qualidade de vida.

8. Da psicanálise dos sintomas à psicanálise dos sonhos[1]

Qual a função e o lugar metapsicológico que os sintomas e sonhos ocupam atualmente na teoria e na técnica psicanalítica? Como e de quais sonhos nos instrumentamos hoje em dia em nossa clínica?

André, menino de 10 anos, veio para a análise por estar apresentando sintomas de natureza somática bastante acentuados. Esses surgiram após a separação litigiosa de seus pais: vômitos quando presenciava alguma briga entre eles, uma enurese incontrolável, hemorragia cerebral após uma segunda queda de natureza intencional, parada em seu crescimento físico, bronquite e muita tristeza com choros espontâneos. Estava começando a apresentar também uma certa confusão mental principalmente quanto ao uso de certas palavras; seus relacionamentos pessoais estavam aparentemente "bem", embora coloridos de passividade e submissão. Sua desvitalização difusa e generalizada era verbalizada como "eu não quero mais viver".

Suponho que André, criança de intensa sensibilidade, tinha alguma noção que sua vida emocional escorregava, inclusive pelo seu

1 Artigo original de 1998.

corpo, como sugeriam seus sintomas. Evidência dessa "percepção" foi sua observação sobre uma menina deficiente mental que encontrou na sala de espera do consultório. Disse ele: "*tinha lá uma menina que não existe, mas ele não sabe que não existe*". Se por um lado, o sofrimento acentuara sua sensibilidade e percepção, por outro fazia-o regredir usando da linguagem corporal e somática, impedido que estava de metabolizar suas emoções. Freud, assim como Bion, consideram insuportáveis as emoções que não podem receber palavras e serem simbolizadas por essa via.

Embora não se observasse um estado propriamente psicótico em André, era evidente a fragilidade de seus recursos para metabolizar as experiências emocionais que estava vivendo. André percebia projetivamente (por intermédio da menina) o significado de seus sintomas de "estar deixando de existir". Seu ato falho dizendo que ele não existe, indica a percepção de si mesmo.

A discordância estridente entre pai e mãe inibia o uso e a ampliação de sua linguagem-simbolização aumentando sua linguagem somática: tanto seu pai como sua mãe tentavam usá-lo como testemunha, detetive ou "dedo-duro" das brigas ou acusações entre os dois, fazendo a ele perguntas incessantes. O pai levou-o ao tribunal para depor contra sua mãe, acusando-a de drogada, promíscua e corruptora de menores. André negou-se a responder qualquer indagação a respeito. "A dor vai da mudez ao berro", diz Freud. As relações íntimas com seus pais tornaram-se pouco a pouco enquadradas em regras de visitas, em falas perigosas de contar ou não contar, e fuga aos convites sedutores de seus pais, para que tomasse partido, perante ao Juiz.

A indicação de análise veio por um Juiz de Menores. André não queria aceitá-la dizendo que esse tratamento era só para loucos. Por fim pediu ajuda, porém apenas depois de dizer a sua mãe que iria para a análise, mas que não iria contar nada sobre ela. Mostrava assim que construía um modelo de fidelidade, em detrimento de ser verdadeiro consigo mesmo.

"*Eu não sinto nada*", repete-me muitas vezes no início da análise. Nesse contexto, suas funções pensante, criativa e de curiosidade tomam o rumo do não conhecer e de falsificar sua verdade. André impunha-se regras cada vez mais inibidoras ao seu desenvolvimento: "calar-se para não ser delator"; "não sentir" para não acordar ou sonhar sua realidade dolorosa. Essas imposições defensivas criadas por ele faziam seu sonhar transformarem-se em sintomas corporais. As tensões e frustrações nas quais as emoções genuínas ficavam "splitadas" ou reprimidas levaram-no a organizar um sistema defensivo de congelamento de suas emoções. Sua profunda defesa de "eu não sinto nada" indicava que ele percebia suas emoções e sentimentos, mas que os mesmos não podiam ser sonhados e simbolizados. Podiam ser expressos apenas pelo agir: somatizar suas dores ou atirar-se do balanço dizendo não querer mais viver. Pareceu-me que a percepção de suas emoções estava conservada, ainda que utilizando seu próprio corpo para expressá-las. Eliminando suas emoções por intermédio de seu corpo não haveria substrato para sentir seus sentimentos e seus pensamentos serem pensados.

Seu pai relatou-me que por duas vezes tinha se jogado do balanço dizendo "*não quero mais viver*". Sua fala "Eu não sinto nada" tantas vezes repetida seria a expressão do não querer mais viver?

Foi-me bastante difícil não utilizar as informações e defesas relatadas por seus pais como causas e efeitos de seu sofrimento, de seus sintomas e de suas origens. André, pela mudez e economia de expressões fisionômicas, acompanhadas de "eu não sinto nada", defendia-se de sonhar seu desejo de intimidade.

– Como lidar com os sintomas que tão significativamente falavam por André?

– A cura-desenvolvimento se daria inicialmente pela fala-catarse, facilitando o consciente aproximar-se de suas emoções e sentimentos inconscientes defendidos sobretudo pela somatização? (Freud nunca abandonou por completo sua primeira tópica).

– Como nos instrumentar do sonhar, diurno ou noturno, enquanto fator propiciador de desenvolvimento e via régia para o inconsciente?

– Poderá a experiência emocional do momento ser o indicador se há ou não contato com a realidade, com a analista? Mudez, defesa de dores insuportáveis, como abordá-la? A paciência-mudez de minha parte não seria tomada como indiferença também defensiva?

– De que maneira os sintomas corporais poderiam adquirir seu verdadeiro significado? Apontando que se tratavam de emoções deslocadas? Não. Certamente essa comunicação levaria André a esconder ainda mais suas emoções desde que seu corpo-mudez era claramente percebido como defesa para tanto? Defesas para a raiva, para o desespero, que somente encontravam o caminho da fala corporal, sem continente para elas? Em uma supervisão, Betty Joseph disse-me uma vez: "precisamos ter cuidado na interpretação das defesas, pois antes de tudo elas são defesas".

O significado que a analista observava nesses sintomas, afastados de sua expressão emocional correspondente, se apontados para André, ajudá-lo-ia em quê? Ou André manteria também com a analista um relacionamento apenas contratual, afastando da intimidade suas emoções vivas do presente?

Um pouco de história da psicanálise

Em 1885 Freud começou sua colaboração com Breuer e trabalharam juntos por vários anos. Um livro escrito em conjunto foi publicado em 1895 – o famoso "Estudos sobre Histeria" (Breuer & Freud, 1893-1895). Breuer tinha observado que uma paciente (Anna O.), quando falava a respeito de seus sintomas, num certo estado "hipnótico", podia lembrar fatos que pareciam estar relacionados com a origem dos sintomas, tendo alívio subsequente. A paciente, ela mesma referia-se a essa experiência como sua "conversa terapêutica". A maior importância do trabalho conjunto de Freud com Breuer foi a descoberta que os sintomas da paciente podiam ser considerados como uma maneira disfarçada de conteúdos emocionais represados e bloqueados por pressões internas e externas.

Nesses primórdios, Freud procurava apenas eliminar os sintomas como alívio para as doenças mentais. Esse foi seu primeiro modelo de tratamento, essencialmente mecanicista, de causas e efeitos, período chamado pré-psicanalítico. Freud retratava a mente como uma simples rede de neurônios na qual se armazenavam e se transmitiam cargas elétricas. O acúmulo excessivo de energia poderia ser aliviado se o estímulo que o originou pela primeira vez (e que havia sido esquecido) pudesse ser relembrado com nitidez. Acreditava que o estímulo ofensivo esquecido seria um trauma de natureza sexual que o paciente sofrera quando criança e/ou a influência de fatores ambientais subestimados no presente. O trabalho do terapeuta seria revelar essa lembrança, fazendo uso de uma corrente de pensamentos associados, começando pelo relato do paciente sobre seus sintomas e voltando por intermédio do tempo e do espaço à época da recordação encoberta. Isto é, tornando consciente o inconsciente. Adotava assim uma teoria de causa e efeito. Contudo, deixou entrever a compreensão não puramente mecanicista, pois dava importância à fala-linguagem e seus significados na transformação dos sintomas. Anna O. referindo-se à "cura pela fala" ou "fala terapêutica", expressou sinteticamente a concepção atual da prática psicanalítica, de seu método e de sua técnica. Era presente para ela a noção de que o simbólico, em sua expressão linguagem-fala, era um agente essencial para o desenvolvimento psíquico facilitando a passagem do plano biológico para o psíquico. A expressão máxima do simbólico nasceria do encontro de duas mentes, "de dois inconscientes", dentro do espaço-sonho da sessão. Inúmeras vezes, Freud referiu-se à maneira como o paciente o percebia, dando importância a este fato. Não estaria sendo um precursor da ferramenta que usamos da "experiência emocional" do momento?

O desenvolvimento de Freud como psicanalista foi gradual. Levou tempo para libertar-se da teoria mecanicista e atingir uma teoria psicológica em todas as suas sutileza e nuances.

Escreveu a Fliess que não mais acreditava no modelo teórico anterior (causa e efeito) que desenvolvera junto às suas primeiras pacientes. Apresentou quatro razões para isso:

– Sua técnica de guiar as associações do paciente para a recordação reprimida do molestamento sexual levava a resultados muito parciais.

– Era impossível uma recordação verdadeira do molestamento sexual que havia predisposto à doença; os pacientes eram incapazes de distinguir entre as fantasias e as recordações de acontecimentos reais não porque fossem psicóticos – o que não eram –, mas por causa da peculiaridade das fantasias em questão. As fantasias eram quase todas inconscientes, carregadas de emoção, e costumavam conter algum fundo de verdade, embora mínimo e distorcido. Descreviam os acontecimentos como fantasias que gostariam que tivessem ocorrido. Em outras palavras, o inconsciente contém, além de recordações fiéis de acontecimentos materiais, outras fantasias criadas pelo desejo. Estas têm o mesmo efeito sobre a mente. Essa descoberta apresentava um obstáculo metodológico ao modelo neurológico anterior que se baseava na recuperação correta de recordações inconscientes de acontecimentos reais.

– Outro argumento: os dados que os pacientes lhe forneciam pareciam altamente impossíveis, pois acabavam sempre tendo um mesmo desfecho: o pai como o agente molestador.

– Relatou a Fliess que percebia que no inconsciente não há "o menor indício de realidade". Isso significava que certas fantasias inconscientes não eram distinguidas de recordações de acontecimentos reais. Seu método catártico de levar o paciente para o acontecimento patogênico não lhe permitia descobrir se estava seguindo a pista de uma recordação ou de uma fantasia inconsciente.

Foi por essa maneira que Freud chegou à existência da fantasia inconsciente e da realidade psíquica que alteravam quase por completo sua visão anterior do fenômeno psíquico. Mas, sem dúvida, esse foi um infortúnio benéfico, pois forçou-o a ouvir seus pacientes com os ouvidos não mais de um teórico, ou de um detetive, mas de um fenomenologista. Freud interessava-se agora pelos produtos do inconsciente – abandonava o modelo físico e concentrava-se no estudo da fantasia, do desejo, do impulso e da emoção. Ao desviar sua atenção dos acontecimentos históricos como uma fusão da realidade externa com os desejos e os temores movidos pela pulsão, Freud passou a ser um psicanalista.

A realização de um desejo inconsciente precocemente reprimido passou a ser percebido pelos sintomas, lapsos, sonhos, ou em uma criativa obra de arte. Chegava-se ao abandono da teoria das origens traumáticas externas da neurose, colocando-se ênfase na história, nas vicissitudes dos conflitos internos do paciente e na luta para lidar com eles.

No estudo de Freud sobre os sonhos encontramos uma chave para a transformação de seu método e a maneira pela qual os impulsos se expressam quando vêm à tona. Freud deu-se conta que seus sonhos eram a maneira mais eficaz de conduzir sua autoanálise. Aplicou, cada vez mais, esse método com seus pacientes, aos quais solicitava fazerem associações com elementos particulares do sonho relatado, isto é, com o "conteúdo manifesto" do sonho. O sonho ficou conhecido como a "estrada real para o inconsciente". A partir dessa descoberta, inclusive com dados de seus próprios sonhos, elaborou a teoria do *modelo topográfico* Inconsciente, Pré-Consciente e Consciente, publicando a sua mais detalhada e elaborada contribuição psicanalítica "A Interpretação dos Sonhos" (1900). Desenvolveu também a partir de si mesmo a observação da emoção oculta nas palavras dos pacientes, que em princípio pareciam sem sentido ou obscuras, mas que se tornavam significativas quando observadas com atenção. Freud (1893) relembra o quanto ficava impressionado com seu amigo Charcot: "ele parecia estar sempre observando coisas que não entendia, para aprofundar dia a dia suas impressões sobre elas, até que de repente elas se tornavam evidentes para ele. [...] Ele insistia sempre na dificuldade e na importância desse tipo de 'visão'. Perguntava por que na medicina, as pessoas só vêm o que já aprenderam a ver". Inicialmente Freud ficou perplexo diante da mudança de direção que suas teorias estavam tomando, conduzidas por novas observações, mas logo compreendeu que essas observações continham um fator geral do funcionamento mental, e, em particular do conflito mental. Essa mudança de direção dizia respeito à passagem da análise dos sintomas e traumas do mundo externo, para o estudo dos conflitos internos.

Ao abandonar a teoria de que a neurose e seus correspondentes sintomas eram consequência de um trauma psíquico, teve a percepção que a repressão estava presente em todos os sonhadores. O inconsciente do paciente neurótico e o do sonhador normal não eram tão diferentes quanto ele havia suposto. Os sonhos e as neuroses tinham uma estrutura comum. Na neurose, o conflito entre o impulso sexual infantil e a suarepressão correspondia ao que no sonho era o conflito entre o desejo e a censura. Da mesma forma, na neurose, a fantasia inconsciente estava para os sintomas, como no sonho o conteúdo latente estava para o conteúdo manifesto. Finalmente, o acontecimento externo que precipita o surgimento de uma neurose e seus sintomas correspondia aos "restos diurnos" nos sonhos. Os sintomas e os sonhos tinham essa estrutura em comum, simplesmente por serem expressões dos mesmos desejos reprimidos apenas diferentemente representados.

Freud passou a chamar sua nova teoria de "teoria psicológica" por considerar os sonhos realizações disfarçadas de desejo inconsciente, em contraste com a *teoria fisiológica*, ou *do trauma*, que apareciam em seus primeiros textos. Reconsiderando sua teoria Psicológica, percebeu que em sua primeira teoria do Trauma havia elos estruturais entre os sonhos e a neurose e os quais lhe permitiram apresentar sua nova teoria das neuroses com base em sua teoria sobre os sonhos. Segundo Freud, a psicologia fisiológica da neurose já continha em parte as observações sobre os Sonhos. A partir dessa análise, concluiu que tanto nos sintomas neuróticos como no conteúdo manifesto dos sonhos, poderíamos encontrar as mesmas fantasias de realização do desejo distorcidas da mesma maneira e pela mesma força repressora.

A partir da observação dos fenômenos clínicos, e não de construções teóricas *a priori*, ele conceituou o mecanismo da repressão e a noção de fantasia inconsciente. O mesmo se deu com a descoberta da transferência, que abriu outras portas de acesso ao inconsciente. Freud não foi o primeiro a descobrir a existência do inconsciente ativo, isto é, que existem partes da mente inacessíveis à consciência. A essa postulação Freud nomeou de "inconsciente dinâmico" para enfatizar que o inconsciente está em constante atividade, eliminando impulsos que tragam conflitos. A eliminação de desejos ou fantasias ocorre pela força da repressão acionada pelas emoções originadas basicamente de impulsos pulsionais.

Freud marcou o "nascimento" da Psicanálise ao reconhecer a importância emocional da repressão:

> *A teoria da repressão tornou-se a pedra fundamental da compreensão da neurose. A tarefa da terapia não era mais apenas a de descarregar um afeto que teria tomado caminhos errados, mas revelar repressões e substituí-las por atos de julgamento que poderiam resultar tanto na aceitação como na condenação daquilo que havia sido refutado anteriormente. (Freud,1925)*

Freud propôs assim a uma nova leitura dos fenômenos psíquicos para o qual as emoções têm uma função central para a mente humana e para a construção do espaço psíquico. Tanto os desejos proibidos, como sua contrapartida, a repressão, são acionados pelas emoções.

Pode-se indagar: foram as teorias clássicas, assim como seus respectivos métodos e técnicas de tratamento dessa época, completamente abandonadas? A interpretação que já contava com o elemento transferencial sofreu mudanças radicais em sua concepção? Essas indagações podem ser vistas sob dois ângulos, da primeira e/ou da segunda tópica das próprias teorias de Freud ou de ideias desenvolvidas posteriormente a ele.

Freud nunca abandonou por completo seu primeiro modelo da neurose como um processo físico em que a teoria da libido ganha um lugar especial (primeira tópica). A *Teoria Psicológica* ganha cada vez mais espaço em quase todos os desenvolvimentos posteriores. Exemplo disso é a teoria de W. Bion, que sem dúvida tirou de Freud a base de seus conhecimentos e o veio de inspiração para suas novas descobertas.[2]

Com a publicação de "O Ego e o Id" (1923) e de "Inibição, Sintoma e Angústia" (1926), inicia-se uma segunda fase na obra de Freud, pelo fato de serem aí introduzidas mudanças substanciais. O que vale agora é a natureza dos processos inconscientes, e não a qualidade dos conteúdos conscientes.

As novas descobertas contextualizadas na teoria estrutural e seus constructos teóricos Ego, Superego e Id permitiram o desenvolvimento posterior da técnica psicanalítica, especialmente a análise de manifestações na transferência, abrindo outras estradas para o inconsciente se manifestar.

2 Um conferencista durante uma palestra classificou as ideias de Bion como nova teoria, Parthenope Bion, em conversa pessoal, me disse: "são apenas ideias desenvolvidas por ele, suas teorias são as mesmas de Freud e Klein".

O lugar das experiências emocionais junto à evolução da teoria e da prática psicanalítica

Na leitura da experiência emocional da dupla encontramos embutidos vários componentes psíquicos do par que culminam na qualidade desta experiência.

A quais fatores psíquicos e de que lugar estamos nos referindo quando sinalizamos ao paciente a vivência do momento? Poderíamos pensar somente na qualidade da emoção presente e em suas finalidades presentes? Ou ainda no que supomos ser a transferência e/ou contratransferência?

Nossas indagações e assinalamentos passam por diversas reflexões. Embora embutidos estarão presentes vários conceitos, como: transferência-contratransferência, repressão, regressão, identificação projetiva. A "Teoria do Pensamento" de Bion ampara os conceitos de continente-contido, como a base no processo de pensamento, a qualidade dos vínculos, a função alfa, os elementos alfa e beta, e a experiência emocional propriamente dita do par analítico.

A conceituação dos processos de desenvolvimento e de suas psicopatologias, assim como os sonhos e os sintomas, diferem quanto à leitura interpretativa dos mesmos dependendo de seus referenciais teóricos.

Irei destacar a "Teoria do Pensamento" de Bion, por considerá-la como ponto de virada dos mais importantes na teoria/prática psicanalítica:

– para Freud, o conceito de desenvolvimento é psicossexual (do oral ao genital), relacionado à postulação de tornar consciente o inconsciente;

– Melanie Klein considera a mente evoluindo da desintegração à integração de seus elementos;

– para Bion, o processo de desenvolvimento psíquico evolui da ignorância para a sabedoria, processo que se tornará possível fazendo uso do desenvolvimento do aparelho de pensar pensamentos.

A psicopatologia também é diferentemente concebida pelos três autores:

– para Freud é consequência de conflito mental advindo de uma experiência traumática interna ou externa;

– por M. Klein é vista principalmente como uma falha parental na modulação da dor psíquica do bebê;

– Bion vislumbrou algo bem mais complexo, a saber, uma relação entre a mãe e o bebê na qual a mãe tem que executar funções psíquicas pelo bebê, de modo que ele possa, por intermédio da introjeção gradual dessas funções, aprender a executá-las por si mesmo. Essa concepção sustenta-se na importância que Bion empresta à experiência emocional vivida pelo bebê com sua mãe. Dependendo da qualidade da mesma, por falha da mãe ou do bebê, suas vivências posteriores serão carentes da percepção de estar ou viver a dois. Suas emoções continuarão entranhadas em si mesmo, por vezes, sem dar-se conta da falta ou da necessidade de uma continência adequada para as mesmas. Emoções posteriores irão carecer de um significado pessoal.

> *A obra de Bion situa a emoção no centro do significado. Com efeito, o que ele disse é que a experiência emocional da relação íntima tem que ser pensada e compreendida para que a mente cresça e se desenvolva. De certa maneira, a emoção é o significado da vivência e de tudo aquilo que se desenvolve na mente mediante a função alfa, como sonhar, verbalizar sonhos, pintar quadros, compor músicas, realizar funções científicas, são representações do significado. (Meltzer, 1984, p. 48)*

O sonhar conjunto do analista-analisando durante a sessão analítica

O método e a técnica usados culminam com a interpretação analítica do fato clínico.

> *Inicialmente, na fase pré-psicanalítica da obra de Freud (teoria da sedução), a interpretação tinha um caráter explicativo pois se constituía num processo de tradução do conteúdo latente que subjazia à conduta manifesta. Este caráter explicativo tinha algo de divino e não se diferenciava muito de outros textos que desvendavam significados. Com o tempo, a interpretação para Freud, além de elucidar significados, se tornou um instrumento de modificação do equilíbrio psíquico. Ela passou a visar mudanças no mundo mental através de seu poder de desorganizar defesas. (Mezan, 1996)*

Como diz Rocha Barros,

> *a ideia de que a interpretação possa se limitar simplesmente a traduzir ou revelar conteúdos inconscientes e que isto baste para promover mudanças psíquicas, deriva do papel central dado ao conceito de repressão na concepção de Freud do aparelho psíquico [...] Uma leitura parcial do texto de Freud nos leva a pensar que a tarefa do analista é a de levantar repressões e que desta forma sua função se esgota na tarefa finita de tornar consciente o inconsciente. Uma leitura cuidadosa e acurada dos textos de Freud irá indicar que seu legado é muito além disso. Para Klein e Freud em Bion o universo das emoções e seus significados é infinito e, portanto, não esgotável pela interpretação.*

Em 1912, em "Conselhos ao médico para o tratamento analítico" Freud já se refere à "atenção flutuante", isto é, ao modo como o analista deve escutar o analisando; não deve privilegiar *a priori* qualquer elemento do seu discurso, o que implica que deixe funcionar o mais livremente possível a sua própria atividade inconsciente e suspenda as motivações (inclinações pessoais, preconceitos, pressupostos teóricos) que dirigem habitualmente sua atenção. Essas recomendações constituem o contraponto da regra da associação livre proposta inicialmente. Freud na verdade exige mais: atingir uma verdadeira comunicação de inconsciente para inconsciente (1913/1972, p. 320). A conceituação da atenção flutuante e da associação livre como as duas ferramentas primordiais do trabalho analítico evidenciam que Freud já realizava o espaço analítico num contexto onírico a dois. De inconsciente para inconsciente, um sonho a dois.

Essa leitura encontra em Bion seu principal defensor. Para Thomas Ogden, do espaço a dois nascerá "O terceiro analítico". Ou seja, nessa interação, o analista é observador e participante. A interpretação deve ser vista sob o ângulo do inconsciente, do pensamento onírico e/ou do processo primário de ambos os participantes, levando em conta o processo secundário, o pensar consciente, facilitando a comunicação de suas representações verbais.

A interpretação sob esse ângulo é uma criação do paciente e do analista, algo como um sonho conjunto dando significado a uma experiência, como revelação da estória construída do paciente antes desconhecida.

Para Meltzer,

> *o passo entre a emoção e o sonho que dá representação à emoção, Bion deixou envolto em mistério. E isso é importante, pois representa uma mudança de atitude em relação às pesquisas da mente que apartam a psicanálise das tradições da ciência para movê-la na direção da*

conjunção com a história da evolução da arte, da filosofia, da religião. (1984, p. 404)

A captação da operatividade da função sonhante propiciou e foi condição significativa para a apreensão e sinalização de movimentos emocionais fugazes, tênues, por vezes só perceptíveis pela pessoa do analista. Consequentemente, a ressonância mais significativa das ideias de Bion tenha sido a de percebermos e destacarmos a originalidade, a singularidade, a qualidade da experiência emocional e a leitura microscópica dos fenômenos clínicos. Essas captações norteiam a apreensão do processo de funcionamento psíquico do paciente. Esse enfoque trouxe implicações para a postura clínica do analista. A análise pós-bioniana não pode mais se contentar com falas ou leituras explicativas desprovidas da emoção viva, muito menos com leituras do fato clínico em que o analista não faça parte do mesmo.

A situação clínica concebida anteriormente também pode ser examinada sob o vértice dos movimentos da analista sustentados por sua função sonhante (contratransferência). Coexistindo com a função sonhante há o eixo racional que norteia a observação da experiência emocional da dupla sendo discordante ou favorável à expansão mental do paciente.

Considerações relativas ao sonho, na concepção atual da psicanálise

No trabalho analítico utilizamos o sonho, tanto noturno quanto diurno, como ferramenta no processo contínuo de atividade mental em sua expressão tanto latente quanto manifesta. É importante ressaltar que para Freud, a estrutura do sonho noturno e diurno é a mesma, ainda que no sonho noturno haja maior transparência e destaque, pois, ao dormir estamos mais libertos e relaxados. Os estímulos sensoriais externos continuam interferindo mais acentuadamente nos sonhos diurnos, tornando-os por isso de mais difícil acesso e leitura.

Uma outra questão pode ser levantada quanto ao uso do conceito de sonho entre Freud e Bion. Teria o sonho diurno referido por Bion o mesmo status conceitual que o sonho noturno? Seriam os dois da mesma natureza e estrutura, como elementos constituintes e integradores da mente? Bion nunca contrapôs um *sonho diurno* a um *sonho noturno*, mas sugeriu que o seu *dream-work-alfa* era diuturno, deixando implícito que poderia ser concomitante ao trabalho onírico diurno proposto por Freud. Em "*Cogitations*" ele diferencia os dois trabalhos.

> *Os métodos do* dream-work-alfa *não são a mesma coisa que o trabalho de elaboração onírica, o qual está relacionado à interpretação de sonhos, mas são os recíprocos do trabalho de elaboração onírica e são relacionados à capacidade de sonhar, isto é, transformar em sonho, eventos que são captados somente num nível racional, consciente. Dessa maneira, alfa é o recíproco (oposto) do trabalho de elaboração onírica. Além disso, sugere-se que o elemento da "resistência" no trabalho de elaboração onírica, como elucidado por Freud, é um composto de dois elementos: resistência como descrita por Freud e um senso de necessidade de converter a experiência racional consciente em sonho, mais do que um senso de necessidade de converter o sonho em experiência racional consciente. O senso de necessidade é muito importante; se não lhe for dado significado e peso, o verdadeiro distúrbio do paciente está sendo negligenciado; ele é obscurecido pela insistência do analista em interpretar o sonho. (Bion, 1960/1992, p. 184)*

Apresento uma vinheta clínica como expressiva de movimentos--alucinações-sonhos em uma sessão com André, pequeno paciente citado no início deste trabalho (*Vide* relato mais completo em: Agir, alucinar, sonhar, In *Ressonâncias, Bion em São Paulo*, pp. 276-280).

André entra rápido na sala, vai para o canto oposto à porta de entrada, dirigindo-se para sua caixa de brinquedos. Esta permanecia guardada dentro de uma cômoda, com porta e chave individuais.

Sentou-se no chão, olhando para a portinha e disse: "*ela foi embora*".

O tom de sua fala era muito triste e principalmente profundo.

Mantive silêncio, à espera. Ele falava consigo mesmo, sonhando? Mas enfatizo: não estava em silêncio à espera de explicações lógicas, mas em silêncio compartilhado, sonhando junto. Várias conjecturas vinham-me à mente, mas me mantinha quieta procurando não ser invasiva e observar; sentia-me solidária à dor que ele demostrava, por algo importante para ele.

Supus que fosse sua mãe que tivesse ido embora; porém cabia-me esperar. Se André tinha conseguido chegar até esse sonho-fala, "ela foi embora", poderia caminhar um pouco mais, pensei, e talvez ele mesmo falar "mãe", que lhe doía tanto. Pensei que esperá-lo seria menos invasivo do que a nomeação ser feita por mim, podendo indicar para ele que sua mãe pertencesse mais a mim do que a ele. Ah! As palavras interrompendo os sonhos....

Caberia a mim colocar palavras para esse momento evidentemente sofrido? Ele murmurava, portanto, não falava comigo. Tomei essa fala como solilóquio, como não se acorda uma criança quando está dormindo. Eu sabia que André sentia muito mais do que conseguia ou queria pôr em palavras. Aquele momento de sonho ou solilóquio, indicava que sua mudez já ganhava palavras ainda que para si mesmo. Dar palavras aos seus sonhos poderia estar impedida por me considerar "autoridade" que iria considerar humilhante sofrer: sua mãe não o amava o suficiente para que se mantivesse no Brasil junto a ele. Acordando do estado sonhante levanta-se e impulsivamente dá um pontapé na porta; percebo André podendo agir sua raiva. O que abrir essa porta poderia dizer a ele? Sua caixa de brinquedos estava lá dentro, assim sua vida, seu mundo, aquele que vivia comigo. A raiva que transbordava de André era muito vasta e talvez indicasse que sua mudez ficasse comigo. Continha minha necessidade de dizer-lhe algo. Ficando em silêncio talvez André pudesse colocar palavras em sua raiva, talvez pudesse acordar de um sonho ou de uma alucinose que vivia naquele momento. Não sei o que acontecia, mas sei que ele prosseguia, por um lado sonhando e por outro atuando sua raiva ao dar o pontapé na porta. Sonho e atuação da raiva. Estaria a atuação substituindo suas somatizações? De todo jeito a raiva não se voltava para seu corpo.

Deu então uma pequena volta na chave, desanimou-se, deprimiu-se, a dor era grande, mas parecia-me que ele contava comigo. Dei-me conta que, cada vez mais, seus movimentos e seu agir não eram tão sem direção ou tão sem significado como no início de nosso trabalho. Ele mostrava e me comunicava alguma coisa pelo ritmo de seus movimentos, no pegar e largar algo escolhido, como se estivesse agindo para que eu olhasse o que ele fazia.

Esses primeiros movimentos seriam talvez um teste para saber se eu o percebia e respeitava seu corpo, seu agir, isto é, sua existência física. Se teria espaço ali comigo para dar movimento aos braços, aqueles que ele tinha medo que nunca mais pudessem abraçar ou serem abraçados. Talvez já não se "considerava um menino que não existia".

André abre a caixa, pega a caixa, larga em seguida, dá uma pequena olhada para mim, volta-se para a caixa e a carrega. Naquele momento percebi que a caixa parecia extremamente pesada, como se contivesse um grande peso. Resolvi dizer isso a ele para começar a lidar com aquele material psíquico, guardado, precioso que estava dentro da caixa, objetos internos que se expressavam por intermédio de seus jogadorezinhos construídos anteriormente, dizendo-lhe apenas isto:

"Esta caixa parece pesada como o que você carrega dentro de você".

André olha-me meio assustado como que acordando, porém, não me dá muita bola. Talvez dentro dele se passasse o mesmo que se passava comigo:

"Saberá, essa tonta, dizer-me alguma coisa além disto? Saberá aliviar minha dor ou irá repetir aqui a situação com minha mãe, que não pode conter minha dor, nem respeitá-la?".

André traz a caixa para cima da mesa, abre, outro movimento de melancolia surge em seus olhos, ele abaixa o corpo como que tombado, punido. Seria medo de encontrar um vazio dentro da caixa? Poderia ele perceber o conceito de Klein, de que os objetos que estão dentro da caixa representam o seu mundo interno ou o vínculo comigo? Teria ele o poder de manter-se vivo ou já teriam morrido seus desejos? Ter se esvaziado ou deixado de existir, nas horas que se passaram depois da saída de sua mãe ou da saída da análise no dia anterior? Sua volta hoje, tão raivoso, me mostrava o contrário. Se seu amor pudesse ter morrido, sua raiva estava viva e podia expressá-la. Começava a ter confiança em mim, de que o amaria do jeito que ele fosse, com raiva ou sem raiva? Pode mostrar-se raivoso, o que não acontecia no relacionamento com seus pais.

André abre a caixa e seu olhar é triste. Atrevo-me então a dizer a ele:

"Seu olhar está triste, André. Ouvi você falando de coisas que também pareciam muito doídas a você. Você quer eu te escute, te olhe, porém, há algo aí dentro de você que você não sabe se me conta ou se deixa para que eu adivinhe".

Ele olha para mim, com um olhar de quem diz: "Pode falar".

Perguntei então a ele:

"Quem é que foi embora? Quem é que não vai voltar mais? Você está falando da mamãe?"

"*Da minha mãe... aquela puta foi embora...*"; olha para mim assustado e triste, provavelmente por tê-la chamado assim. A seguir, sua agitação física tornou-se grande.

"*Penso, André, que é uma coisa que te dói muito e que te dá a impressão que, se a mamãe foi embora, foi junto com ela tudo o que você tem no coração. Tudo o que você sente por ela. Vão junto todos os seus sentimentos, até a sua fala iria embora, assim como quando você estava quietinho. Até a caixa dos teus brinquedos poderia estar vazia*". André olha para mim com fisionomia bastante absorta, e ele me diz de pronto:

"*Ela foi para a Itália*".

"*Ah é! Para a Itália? Para a terra dela?*"(Sua mãe era italiana)

"*Não é a terra dela. A terra dela é aqui*".

"*É, André, você está me dizendo que eu não veja esta situação da mamãe ir embora e nada acontecer para você. Eu sei que você, André, tem coração, que sente, que dói, é um André que existe. Sabe, eu acho que você não gosta do que você tem falado que não sente nada. É ... talvez eu possa te ajudar a continuar sentindo*". Lembrava-me de sua fala muitas vezes repetida "*eu* não sinto nada".

A sintonia emocional e afetiva entre o analista e o paciente é a condição primeira para que interpretações não sejam invasivas ou de um superego moralista. O vínculo afetivo positivo impedirá que sucumbam movimentos emocionais pré-conscientes que já "estejam prontos" para sofrerem transformação em sentimentos verbalizados. As emoções, os gestos e a fisionomia de André, embora expressas sem palavras, como nos sonhos, indicavam-me uma comunicação pré-verbal diferente daquela que penalizava seu corpo com somatizações. Na vinheta clínica apresentada penso haver momentos significativos de um sonhar conjunto entre analista e analisando.

Quando me senti segura de estar em sintonia com o emocional-sonhante de André, passei a verbalizá-lo convidando-o para também verbalizar o que se passava com ele. Seus sintomas corporais foram pouco a pouco desaparecendo e seus sonhos, seu brincar foram aparecendo.

9. A interferência da culpa na assimilação (e realização) de experiências emocionais[1]

Meu objetivo neste trabalho é trazer elementos de observação clínica sobre duas configurações mentais interligadas, que se evidenciaram de maneira bastante expressiva em um trabalho analítico, cujo paciente chamarei de X. Essas observações também estão presentes no trabalho com outros pacientes.

Essas configurações mentais se caracterizam por:

Continência mental pobre para elaborar determinadas emoções, levando a intensas somatizações e/ou a racionalizações desvitalizadoras do seu significado pessoal.

A continência mental, quando possível, realizava-se sobretudo sob a égide de modelos de vínculo culposo, oriundos de diferentes estágios de seu desenvolvimento, desde aqueles mais primitivos.

Como não poderia deixar de ser, outros fatores emocionais impediam seu desenvolvimento mental (inveja, intolerância às frustrações etc.), mas não me aprofundarei neles, por não ser esse o objetivo desta apresentação.

1 Sem data.

No material clínico e comentários que apresento, vou me ater à dinâmica desses dois aspectos: continência mental falha para que se estabeleça uma relação objetal criativa e os aspectos culposos envolvidos naquela.

Procurarei destacar:

a) a trajetória de X. em busca de objetos continentes às suas identificações projetivas e o decorrente estabelecimento de vínculos. De que forma esses objetos foram se vitalizando, expandindo-se, ao se tornarem mais sintônicos com as (reais) necessidades de desenvolvimento; isto propiciou a X. encontrar outros recursos para aproximar-se de suas emoções, antes calcificadas em seu corpo, ou de seus sentimentos perdidos em racionalizações; e
b) a importância da relação transferencial para a captação e realização de diferentes modelos de vínculo culposo, como fator facilitador da delineação e conhecimento do objeto continente-contido de suas identificações projetivas.

Esses elementos de minha observação são também pertinentes a experiências com outros pacientes e encontram apoio na conceituação psicanalítica.

Freud em 1923, em nota de rodapé, de seu artigo "O Ego e o Id" diz:

> *A luta com o obstáculo de um sentimento inconsciente de culpa não é fácil para o analista. [...] nada pode ser feito diretamente, e também nada indiretamente, exceto o lento processo de descobrir suas raízes inconscientes, e, assim, gradativamente transformá-lo num sentimento consciente de culpa. Tem-se oportunidade especial para influenciá-lo quando esse sentimento de culpa é "emprestado" – quando*

> *é produto de uma identificação com alguma pessoa que foi outrora objeto de uma catexia erótica. Um sentimento de culpa que foi dessa maneira adotado constitui o único traço remanescente da relação amorosa abandonada e de modo algum é fácil reconhecer como tal [...] se pudermos descobrir essa catexia objetal anterior por trás do sentimento de culpa inconsciente, o sucesso terapêutico é brilhante, caso contrário o resultado de nossos esforços de modo algum é certo. (pp. 66-67)*

Relação objetal abandonada por falta de continência adequada, com impossibilidade de transformação.

Freud, ao referir-se também à culpa inconsciente, refere-se também a objetos emprestados e adotados. Isso me leva a pensar em objetos introjetados, mas não assimilados pelo ego que não puderam seguir o rumo da integração. Em meu entender, há uma relação intrapsíquica ativa, porém desvitalizadora, não integradora para o self, uma vez que essa culpa inconsciente impede a suaelaboração. É o único traço remanescente da relação amorosa inicial. A atividade reparatória (vida-criatividade) desperdiça-se em reparar um mal que não conhece, mas que permanece como de sua autoria.

Vários autores referem-se a esses objetos introjetados mas não assimilados.

Paula Heimman em 1955 em seu artigo "Uma combinação de mecanismos de defesas em estados paranoides" aprofunda essa questão. Diz ela: "[...] os sistemas se constituem a partir de objetos introjetados, mas, enquanto estão em processo de formação, o estado é fluido e os objetos introjetados persistem, como tal, e não estão ainda assimilados ou fundidos com a organização psíquica" (p. 266, cap. V). Quanto ao resultado topográfico da introjeção ela propõe: "[...] podem também permanecer como parte de um mundo interior com os quais o ego mantém relações emocionais semelhantes aos relacionamentos exteriores, interpessoais" (p. 267). Em meu entender, ela se refere aqui a uma intensa cisão entre partes do self. A partir desse *splitting*

> *aquela parte do ego que abriga o objeto introjetado perseguidor é sacrificada; é expelida do resto e posta à margem da organização do ego, assim perdendo a qualidade de "eu". Em torno desse objeto com o qual não há identificação são aglutinadas as forças destrutivas para evitar uma autodepreciação do próprio ego. Ao mesmo tempo, o Ego não admite os impulsos cruéis e os transfere para esse objeto interno; e, portanto, impede o surgimento da culpa. Daí o seu grande valor defensivo, porque neste interjogo, o ego à custa do sacrifício de uma sua parte, se protege de ser identificado com o objeto que ele ataca e atormenta. (pp. 268-269)*

Penso que o sacrifício dessa parte do self leva-o agora a outra culpa: estabelece-se um círculo vicioso, porque a atividade reparatória que antes tinha sido mobilizada em relação ao objeto torna-se agora persecutória, e por outro lado, voltada para a parte cindida do self.

Para Melanie Klein a culpa estende-se também a todos os danos que atinjam o objeto amado, inclusive os danos feitos por seus objetos persecutórios.

Baranger (1971), em "Posição e objeto na obra de Melanie Klein", retoma o estudo da culpa nos capítulos II e VII, discriminando a introjeção do objeto destinado a assimilar-se, e o objeto que segue sua existência intrapsíquica sem integrar-se nem ao ego, nem ao superego. Para base dessa conceituação Baranger apoia-se em Freud, Klein e Heimman.

Joan Riviere, em "Análise da reação terapêutica negativa" (1936, p. 319), a enfatiza como uma forma de defesa contra sentimentos de culpa, retomando a colocação de Freud de objetos emprestados.

Quando Bion introduz o termo "objetos bizarros", penso estar falando de objetos que se fragmentaram por serem incapazes de assimilar experiências emocionais de dor (culpa), *Elementos de Psicanálise* (1963). "A criança sente o seio mau dentro dela, no seio 'que não está lá' e por não estar lá, desperta nela sentimentos penosos [...]" (p. 75). "[...] se a atividade reparatória não tem força suficiente, se ela não alcança, de fato, nenhum seio, sentirá o 'não-seio' não apenas como ruim em si, mas tornado pior porque funciona como se constituísse a evidência concreta de que o seio ruim foi evacuado com êxito" (p. 76).

Uma proposta de teorização de elementos observados em minha clínica

Gostaria de examinar a possíveis situações que dão origem a essas experiências emocionais rígidas, não assimiláveis, de caráter absoluto, para as quais proponho a interferência do sentimento onipotente de culpa.

Várias podem ser as suas fontes:

a) Klein fala

> *[...] uma das consequências da inveja excessiva é o surgimento precoce de culpa. Se essa culpa prematura é experimentada por um ego que ainda não é capaz de suportá-la, a culpa é sentida como perseguição e o objeto é transformado em perseguidor. O bebê não pode elaborar nem a ansiedade depressiva, nem a persecutória porque*

elas ficam confundidas uma com a outra. (Envy and Gratitude, p. 194)

Klein define como essência da culpa quando houver sentimento de que os danos infligidos ao objeto amado são causados pelos impulsos agressivos.

Dessa forma, quando Klein diz que a culpa é sentida como perseguição e o objeto é transformado em perseguidor, ela pode estar se referindo a um modelo de relação (self e objeto) que se estabelece como culposo e persecutório. Introjeções posteriores serão determinadas por esse modelo de culpa-perseguição, caso não forem elaboradas utilizando-se das defesas usuais para tanto. Ao mesmo tempo, irá se estabelecendo um sistema de objetos internos culposos e danosos ao desenvolvimento de uma experiência emocional criativa desde que a relação se estabelece, quando o funcionamento da mente (fantasias, emoções, defesas) é ainda de natureza bastante rígida.

Klein, em "Narrative of a Child Analysis", esclarece também uma variante desse processo introjetivo ou seja, invasão da mente do sujeito pela culpa. "[...] O ego mantém a crença de ser a vítima do objeto invasor. Embora sabendo que é o ego que põe em andamento este processo, é importante esta distinção para fins da situação analítica porque sua vivência é a de ser invadido sem defesa possível..." (p. 279), isto é, a culpa volta-se para si mesmo, sem possibilidade de reparação. Klein prossegue: "[...] um exemplo de identificação projetiva que é rapidamente seguida por, ou talvez simultaneamente com a internalização. O temor ao objeto atacado pela identificação projetiva hostil incrementa por sua vez o sentimento de culpa consigo mesmo" (e sem possibilidade de reparação).

Essas experiências emocionais em estágios de concretude mental podem perpetuar a relação objetal cindida e onipotente.

b) Experiências emocionais rígidas, em que há a interferência de identificação projetivas do casal parental

Freud, em "O Ego e o Id", fala em sentimentos de culpa

> *como produto "emprestado" de uma identificação com alguma pessoa que foi outrora objeto de uma catexia erótica. O sentimento de culpa adotado dessa maneira frequentemente constitui o único traço remanescente da relação amorosa abandonada, e de modo algum é fácil de ser reconhecido como tal. (pp. 166-167)*

Conjecturo que esse emprestado, identificado, adotado, possa englobar identificações projetivas dos objetos primários, passando a fomentar onipotentemente fantasias ligadas ao ego ideal (padrões de comportamento). Para estes não há possibilidade de realização e integração, a atividade reparatória será sempre insuficiente e a sensação de dano, permanece.

Klein, em "Narrative of a Child Analysis" (1961), quando discorre sobre as vicissitudes da introjeção, diz:

> *[...] A mãe introjetada poderá ser vivida levando consigo todos os seus objetos introjetados e as vinculações afetivas com os mesmos. "A exploração interior das vicissitudes das relações com os objetos introjetados, que estão a cada passo relacionadas com os processos projetivos, deveriam, a meu ver, esclarecer muito da personalidade e de suas relações objetais". (p. 115)*

Indago-me: como esses objetos e suas relações introjetados (o pênis do pai, por exemplo) serão experimentados pela criança em sua relação objetal com a analista? Será que nesse tipo de dinâmica das introjeções por parte da criança, não haverá também a "força" das identificações projetivas da mãe? E que por isso se tornam objetos hostis ao pensamento, à integração e à possibilidade de reparação proporcionadas pelo processo de análise? Conjecturo que experiências emocionais resultantes de identificações projetivas dos pais instalam-se na mente como objetos refratários às suas angústias e necessidades. Tornam-se objetos internos assintônicos para o self, com características absolutas de deidades. Senhores absolutos da criação primeva dos sentimentos (*você não pode sentir assim, você tem que sentir assim*). Dessas experiências emocionais rígidas também surgirá um protótipo de relação rígida e absoluta. Sentir-se sujeito das próprias emoções (Ser) será sempre vivido como um desafio ao "objeto deidade" e dano ao mesmo. Instala-se assim um modelo de relação rígida, regida pela culpa onipotente. Para Freud, a diferença entre a ansiedade e a culpa é uma questão "topográfica". A culpa é uma ansiedade social: ela se refere a uma relação, estabelecendo também um sistema de relação. Nessas situações, quando o mundo interno é dominado por objetos hostis ao pensamento, qualquer nova experiência emocional introjetada terá também caráter rígido e concreto, criando assim um círculo vicioso.

Esse círculo vicioso só poderá ser rompido à medida que o caráter onipotente da culpa for elaborado, assim como quando o caráter hostil ao pensamento puder ser vivido como uma falha do objeto em conter as experiências emocionais primitivas. Para tanto será necessário que já haja integração entre amor e ódio. Caso contrário, a mente não poderá ser continente para tolerar dor.

c) Experiências emocionais rígidas como consequência da relação narcísica de objeto

Levanto a hipótese que um primeiro sistema relacional de dor-culpa possa ser estabelecido como consequência da quebra da unidade primeira bebê-mãe, desde que a natureza da culpa é de aproximar, de integrar. Dessa maneira, a culpa não será somente relativa a aspectos persecutórios.

Relato a seguir a "história" de um analisando

Para o paciente X., a quebra desse cristal inicial mãe-filho parece ter sido muito doída. Muitas vezes em estado de grande frustração ele parecia procurar um estado onírico para fundir-se nele. Aspectos narcísicos de X. revoltavam-se contra essa cisão inicial, sentida como algo ofensivo ao self e gerador de culpa onipotente.

Klein fala em nostalgia universal do estado pré-natal como fonte da idealização, "Inveja e Gratidão" (1957, p. 142).

Por outro lado, essa relação culposa inicial pode vir a ser usada como defesa; defesa para não experimentar a dor das frustrações próprias da condição humana, instalando-se na mente como um mito culposo do estado pré-natal perdido.

Em todos esses casos a culpa onipotente é subjacente a experiências emocionais em que o self está sob uma dor insuportável. Caso não seja possível encontrar continência adequada para conter essa dor, a culpa desvia-se de sua atividade reparadora, forçando outros caminhos para expressar-se.

Nessas indagações caminhei investigando qual seria a função específica e original do sentimento de culpa, assim como o que faz com que um objeto introjetado não possa ser, nem descartado, nem assimilado ao self, mas permaneça ativo na mente funcionando como um objeto estranho a ela.

A função original da culpa, graças à qualidade específica de sua atividade reparatória, é a de aproximar e sentir dor pelo mal causado ao objeto bom, para então assimilá-lo e integrá-lo. O objeto persecutório é então neutralizado. O sentimento de que os danos, o ímpeto para desfazer ou reparar urgentemente tais danos, resulta do sentimento de que foi o sujeito que os praticou, isto é, do sentimento de culpa.

A tendência reparadora, consequência da culpa, leva à ansiedade depressiva, intensifica a culpa e a urgência reparadora, como sentimentos simultâneos.

Em meu entender é essa atividade reparatória que uma vez mobilizada por uma relação objetal não cessará em sua busca de integração até que possa encontrar um objeto continente para a suarealização (ato criativo). Quando isso não acontece, resulta em uma relação objetal "inacabada", na qual a atividade reparatória é desvirtuada de sua função original de desenvolvimento mental.

Se a atividade reparatória é mobilizada em um estágio de concretude mental e de pouca discriminação entre self e objeto, a integração verdadeira não acontece. A reparação não se completará tanto em relação ao self como em relação ao objeto devido ao estado de pouca integração e pobreza do self. Nesse estágio, o objeto de amor é ainda sentido como contendo partes valiosas do self e este continua sendo vivido como uma extensão dentro do objeto (Klein, "On Identification", 1955, p. 145). Não há assim um núcleo amoroso no Ego que o faça sentir-se com condições de acolher, reparando em nível simbólico os danos que sente ter infligido tanto a si próprio como ao objeto.

Como em meu entender o movimento reparatório uma vez mobilizado continua pressionando o self, este lidará com sua culpa em diferentes direções que não necessariamente se excluem:

a) retornar para uma pseudointegração – via uma fusão de caráter narcísico;
b) intensificar seus *splittings*, projetando sua função reparatória fora de seu sentir, pois esta foi a via pela qual o objeto da relação idealizada foi transformado em perseguidor. Os movimentos reparatórios do self confundem-se com exigências

do objeto amoroso (idealizado), tornando este um perseguidor (Klein, "Inveja e Gratidão", 1957).

Meu paciente X. foi delineando, por intermédio de sucessivas projeções e reintrojeções, dois personagens que parecem ter estado comigo há muito tempo, mas eu não os via porque eles se escondem atrás de uma cortina branca, tornando suas fisionomias sem contorno; acho que a voz deles eu sempre ouvi. Um desses personagens foi se configurando como um homem e lhe dizia: "*Você pensa que vai ter uma vida feliz? Que você vai se livrar de mim com todas as suas imperfeições?*". O outro, que inicialmente aparecia como *uma santa pela sua calma*, o chamava para junto dela principalmente quando o paciente vivia um momento de satisfação objetal com a analista.

Penso que esses dois personagens indicam bem que além dos aspectos persecutórios, partes bondosas do self tinham também sido projetadas no objeto (vida feliz – tranquilidade). Partes de seu self vivido como externo a ele. Permaneciam então prisioneiras nesse objeto splittado, ainda que nem o podia assimilar devido às reintrojeções de aspectos sádicos, nem os podia abandonar de uma vez pelos seus aspectos bondosos encapsulados nesses objetos. Na verdade, os dois objetos – o bom e o mau – confundiam-se; e

c) Uma terceira alternativa seria submeter-se às exigências de seus objetos internos fomentadores de reparações onipotentes.

Material clínico[2]

X. procurou-me dois dias antes de minhas férias. Ao telefone disse-me, muito ansioso, que gostaria e tinha urgência de me ver, mesmo informado de que eu sairia de férias a seguir.

---

2 A extensão do material clínico deve-se a sua riqueza e complexidade do tema de estudo proposto.

Em nosso primeiro encontro, transmitiu-me uma imagem de alguém que chegava ao limite de suas forças. Contou-me estar muito doente fisicamente, e achava que aspectos emocionais estariam envolvidos. Parecia estar dentro de um sonho de morte. Temia estar com seus dias contados. Seu aspecto físico era de alguém realmente doente e velho prematuramente. Senti que X. procurava entregar em minhas mãos uma batalha em que sucumbia.

Ficou extremamente espantado quando lhe perguntei se conhecia alguém que tivesse morrido daquela doença. Após ter ficado por instantes perturbado, provavelmente porque a pergunta era sobre dados da realidade (não sonho), respondeu-me: "*Sim, como não tinha pensado nisto? Minha mãe morreu há dois anos dessa mesma doença*".

Sua queixa fundamental era de uma fadiga imensa e de calcificações com comprometimento dos órgãos atingidos. Suspeitava estar com câncer.

Em nosso segundo encontro parecia bem menos angustiado. Desculpou-se pela agitação em que estava no dia anterior. "*Devo ter dado ideia de alguém sem controle*". Desculpou-se ainda pela insistência de seu pedido para que eu o atendesse antes das férias, mas pelo alívio do dia anterior, ele percebia que de fato tinha sido necessário.

Ao despedir-se da analista disse: "*Acho que vai dar para voltar vivo das férias*".

Nas entrevistas iniciais X. referiu-se às suas necessidades dentro de um ângulo lógico de causas e efeitos. Suponho que sua insistência em encontrar "uma analista Mulher", era de reassegurar-se quanto à contenção de seus aspectos loucos, que intuía estarem envolvidos em seu depauperamento físico.

Quanto à sua infância e adolescência, contou-me que morou muitos anos com uma tia no exterior, enquanto seus pais permaneciam em uma cidade do interior do Brasil.

Recebeu uma educação muito rígida na qual a obediência era uma regra fundamental. Dizia ter se sentido muito "esperto" diante de autoridades, arranjando frases para confrontá-las; lembrava de sentir-se muito isolado conversando com as paredes. Seus pais foram descritos como pessoas que pouco diálogo tinham entre si. Seu pai era escritor e sua mãe considerada por ele como alguém bastante frívola.

Parece ter tido poucos amigos, mas dedicava-se muito aos mais chegados a ele.

Bastante gordo, parecia avolumar-se ainda mais pelos imensos sobretudos que usava.

Material clínico (primeiro ano de trabalho)

X. quase sempre iniciava sua conversa comigo contando de suas reuniões de trabalho com chefes e subalternos. Ao mesmo tempo reportava muita tensão, dores e cansaço.

O clima desses relatos era frio, racional e muitas vezes eu observava confusão quanto ao sujeito de suas frases. Tratava-se a si mesmo sempre na terceira pessoa: "você, a gente etc.".

Estranhava muito quando a analista falava da experiência relacional do momento, respondendo com ironia, indiferença ou dando risadas "loucas".

Eu o escutava, tentando elaborar a que tipo de relação objetal com tão pouca ressonância afetiva esses relatos estariam servindo. Estaria ele percebendo o seu ser comigo? Ou apenas falando de encaixes de sua adaptação?

Várias dessas situações quase monótonas de seu relato eram interrompidas bruscamente por frases absolutas e em tom de sonho.

Recordo-me de algumas delas:

X. – "Non ducor, duco!" (não sou conduzido, conduzo). Não me fale de meu medo, *se é meu medo, só eu posso falar dele. Os Vikings saíam para alto mar e voltavam fortes, cobertos de glória... ou morriam...* (solilóquios).

Essas frases pareciam encapsular a violência da mente de X. em suas experiências emocionais com a analista. Pude observar que elas surgiam para interromper alguma noção levemente esboçada de humilhação, desamparo ou culpa.

Aos poucos foi havendo espaço para uma relação mais viva, pela diminuição da intensidade de *splittings* entre emoção-razão, criança-homem, mente-corpo.

Exemplificando:

– Não me fale de meu medo – se é meu medo só eu poderia falar dele – e aliás, mesmo porque "homem não tem medo", não é assim? (em tom enfático e provocativo). A analista sente ímpetos de falar, mas aguarda. Após algum silêncio ele continua: *Como é mesmo o ditado? Só me lembro em inglês... como é mesmo?* (bastante angustiado) *Opa! Isto não podia me escapar. Você deve conhecer o ditado, por que não me fala?*

A – *O que será que uma criança-homem com medo sente quando um adulto lhe diz "Homem não tem medo"?*

X. fica um pouco em silêncio e deixa perceber que está comovido, talvez chorando.

– Sim, medo! Medo! Nunca pude ter medo, e no entanto acho que sentia tanto medo... Ah! Lembrei-me... o ditado é... homem não chora... De emocionado irrompe em uma raiva muito grande que o faz atirar seus óculos longe.

Outro movimento que foi se dinamizando é que X. percebia brechas de bem-estar entre seus cansaços e doenças. Relacionava-as à "ajuda que a análise estava lhe dando, não havia porque duvidar".

Logo em seguida a essas percepções, X. sentia-se tomado de ódio e humilhação contra-argumentando suas percepções iniciais.

Penso que esses movimentos de aproximação e afastamento de sua experiência emocional consigo e com a analista tinham a seguinte dinâmica:

X. vivia com ódio e decepção com o fato de não ser Viking, não comandar tudo e precisar de si e da analista para usufruir de sua vida. Paralisado diante dessa dor-culpa resultante do ódio, desaponto e maus-tratos para com nosso par criativo, procurava descartar-se dos mesmos; projetava então esses conteúdos mentais em objetos internos cindidos em sua mente (pais ideais); estes diziam respeito a introjeções anteriores de objetos absolutos, dominadores e não assimiláveis por falta de continência (introjeções anteriores).

"Comando, não sou comandado" surgia para atacar a aproximação emocional que começava a esboçar-se comigo; X. impunha-nos defensivamente esse modelo de vínculo que sentia um dia ter sido imposto à sua mente.

Em ocasiões em que a analista percebia uma rigidez e/ou a sintonia afetiva entre o que ele falava e vivia, mostrava-lhe "que parecia haver mais alguém na sala conosco, ora desdenhando, ora impondo-nos algo etc.". Esse tipo de interpretação, embora "aceito" por X., levava-o a muita confusão, desespero ou então ase apegar ao assunto anterior. Por várias vezes referiu-se a "ocos, paralisação mental, desfalecimento" quando tentava escutar sua experiência emocional comigo.

Esses momentos de turbulência esclareciam um pouco os fatores da dinâmica da culpa onipotente em sua mente quando X. tentava aproximar-se de suas emoções: o terror de sucumbir a essa culpa, o uso defensivo da culpa para afastar-se de sua experiência emocional viva, os impedimentos ao seu desenvolvimento como a confusão mental e perda de contato afetivo; como resultado da dinâmica desses fatores, X. não podia elaborar a culpa mais tangível e realística com seus objetos de amor e necessidade.

Na relação transferencial essa turbulência abria espaço para X. começar a poder reintrojetar seus medos e desamparos, antes projetados em objetos internos ou externos, e reintrojetados sob a forma da "linguagem" e do "corpo" dos mesmos.

Minhas observações levaram-me a crer que o paciente de fato não tinha acesso ao significado mais vivo desses lemas modelos que surgiam cortando suas comunicações. Paciente e analista estavam fundidos num só par onipotente (Vikings: vida ou morte).

A captação e elaboração por parte da analista de suas próprias emoções foi fundamental para o prosseguimento do trabalho nessa época.

Material clínico nº 2: segunda-feira[3]

Começa a sessão dizendo-me que estava lendo um artigo sobre esclerose na sala de espera. Percebeu-se aflito e angustiado.

X. – *Será que alguns jeitos meus não têm parentesco com o que é relatado no artigo? Ideias que voltam sempre à minha cabeça da mesma forma, muito cansaço (mas o meu é só físico...), rabugice, esquecimento... aspecto familiar, estava se lembrando de um tio que..* Interrompe então o relato e me diz: *Ah! Antes que eu me esqueça, será que você poderia arranjar um outro horário na segunda-feira, porque não poderei vir no horário combinado?* Enquanto falava, sua voz foi ficando mais lenta, mais baixa, com menos ressonância afetiva. Após algum silêncio, ele me diz: *Sabe o que me veio à cabeça? Aliás, enquanto eu falava...* (seu tom de voz é muito sério e pesaroso). *Desculpe eu existir...*

3 Os materiais clínicos nº 2, 3 e 4 são de três dias consecutivos, respectivamente segunda, terça e quarta-feira.

Parece brincadeira, mas não é (o lamento dessa frase é muito mais voltado para o objeto).

A – Disse-lhe mais ou menos o seguinte: *que ele se dava conta de que algo talvez sem significado na sua experiência emocional naquele momento ameaçava seu desejo expresso de cuidar-se, assim como a sua boa relação comigo. Talvez aquele "desculpe eu existir" dissesse respeito a experiências anteriores suas que se confundiam com a daquele momento, servindo para esclerosar seus aspectos afetuosos consigo e comigo.*

Comentários

X. inicia a sessão indicando estar aberto para a investigação quanto a possíveis estragos que se fazia quando, para evitar a dor, evitava também sua mente, esclerosando seus sentimentos.

Suponho que devido à existência desse espaço para descobrir-se (elaboração da culpa consigo mesmo) é que X. pôde escutar o modelo mental de vínculo culposo onipotente *desculpe eu existir,* sem se deixar invadir pelo mesmo. Suponho, ainda, que a mobilização desse modelo defensivo deveu-se a partes de seu self ligadas à ideia de não poder lidar com possível culpa onipotente e ódio de necessitar de si e do objeto. No modelo de mãe narcísica – filho que dá trabalho –, seu ódio é transformado em autodenegrimento, à luz do "Mito da Realidade Perfeita"; como consequência permanece sem elaboração e "splittada" a culpa persecutória pelo descaso com o qual nos trata.

X. parece ter associado a dor que sentia à "brincadeira", porque, há muito, estas eram suas brincadeiras mentais: arrumar des/culpas para tudo, fundamentalmente para a sua relatividade humana. Continentes frases-ficções des/culposas substituíam o vínculo experiencial com a mãe-Vida.

Contudo, naquele momento, X. começava a perceber a existência em sua mente daquela "brincadeira" defensiva de culpas, e de quão pouco útil ela era para lidar com sua dor de pedir-me um "horário" para suprir sua "falta".

Significado da Interpretação

Dirigi-me ao que me parece ser a "evolução" (Bion) mais significativa da transferência intra e interpsíquica, isto é, a aproximação e a descoberta de duas experiências mentais de culpa que o paciente pôde fazer e contar-me: uma, mais experiencial ali comigo (ataques à função de ajudar-se) e outra de natureza ideativa onipotente *(desculpe eu existir).*

Suponho com isto:

a) ter acolhido sua angústia resultante de relações de objetos internos de diferentes qualidades psíquicas, mais ou menos assimilados e/ou rígidos, assim como o *splitting* entre os mesmos; e
b) deixar em aberto o movimento PS ↔ PD, abrindo campo para futuras investigações quanto à função naquela "frase-vínculo-culposo" ocorrida em sua mente, que permanecia como continente inadequado para projeções de sua culpa de ser.

Embora do ponto de vista da analista o surgimento da frase indicasse um movimento defensivo e tivesse de certa forma obstruído a experiência do momento, a diminuição da intensidade do *splitting* e, consequentemente, a possibilidade de aproximação em sua mente dos dois tipos de culpa pareceram ser o mais significativo.

Em vários momentos de sua análise, percebe-se reflexos de um "Mito da Realidade Perfeita" que X. carregava em sua mente. Uma das N configurações advindas desse Mito era um modelo rígido de vínculo quando em estado de grande frustração e de desamparo; ódio e culpa de sua existência, culpa e ódio de seus pais pelo fato destes se admitirem procriá-lo. Por isso ele quer uma relação estéril, rígida, esclerosada comigo, e aí sente-se culpado.

Material clínico nº 3: terça-feira

X. cumprimenta-me alegre, parece bem disposto.

Logo ao deitar, diz:

X. – *Acho que descobri um caminho novo, deixar vir à cabeça, para esquecer. Ontem consegui ver um filme que há muito tempo eu queria e não tinha coragem de vê-lo. Durante o filme, não sei o que me coçou, vi duas vezes, e me vinha a frase "Poder ter a informação". Já tinha tentado vê-lo, mas a angústia era tamanha, que eu confundia tudo, e não conseguia ir até o fim. Ontem eu percebi uma sequência, e pude desmistificá-lo. A moça é que seduz o rapaz, é estuprada, e em seguida goza. Eles então se tornam parceiros sexuais. Era o ponto do estupro que me confundia. Só ontem percebi que não era bem assim. A moça o seduzia primeiro.*

Passa de imediato a relatar que tinha podido falar com o chefe, emitir suas opiniões para funcionários, sem sentir-se desligado ou agressivo.

Comentários

Penso que o caminho novo era poder obter informações, pensando-as e usando-as em termos de seu eu, sem que isto se confundisse com agressão-estupro-culpa.

X. parece admitir-se gente que busca informar-se diante de confusões; tem amor, ódio e sexo, mas nem por isso está proibido de ter opiniões publicadas ao chefe, ao subalterno e analista.

Transferencialmente, ainda que X. estivesse indicando uma desconfiança de que a analista pudesse seduzi-lo e ao mesmo tempo responsabilizando a analista pela violência dele, o movimento mais significativo parecia ser de querer que eu participasse de suas descobertas.

O modelo de vínculo culposo de sedução-estupro estava presente, mas discriminado da experiência gratificante do momento, e não precisando ser acionado para defender-se da boa relação existente.

Nota-se nessa sessão, que a frase vinda à cabeça (aspectos cindidos de seu self) tem um sentido positivo para ele, o que irá suceder muitas outras vezes. Lembro-me de Klein quando diz que a partir de um bom objeto, este vai se tornando núcleo para novas aquisições integrativas.

Material clínico nº 4: quarta-feira

Logo após deitar-se:

X. – *Desde ontem estou com uma frase na cabeça: "O que eu deixei de fazer?"." Primeiro pensei que era relativa a alguma tarefa, mas depois percebi que vinha... que vinha do fundo... Acho que de alguma região que não existe no mapa* (brincando). *Ontem me sentia ao mesmo tempo muito bem. Foi uma sessão muito boa. Não sei, talvez alguma coisa que conversamos ontem me fez estabelecer uma relação entre dois fatos ocorridos: enquanto eu conversava com o pedreiro e me sentia forte, com autoridade, sem desligar-me como me é raro, começou a me vir as dores. Relacionei de repente estas duas coisas...* Interrompe-se e diz: *Ah! Sonhei com meu pai esta noite! É um daqueles sonhos conhecidos, de sempre. Ele estava cobrando alguma coisa, e eu não sabia do que se tratava. Eram mensagens implícitas, não explícitas. Era numa casa muito bonita à beira-mar. Eu olhava para tudo, achando bonito, mas meu pai de pé, parado (objeto rígido não continente), cobrava-me alguma coisa. Eu não sabia o que era... Putz! É a frase!... "O que eu deixei de fazer?"*

Nesse momento uma turbulência emocional irrompe. X. emociona-se para depois, com muita raiva e culpa, repetir a frase: *O que eu deixei de fazer?*

(Neste momento percebo X. tentando localizar essa frase, em sua dimensão de espaço, tempo e sujeito da mesma).

A – *Quem sabe deixar de perceber, como o Sr. talvez tenha podido fazer hoje, que essa frase é, antes de tudo, um sonho de sua cabeça.*

X. – *Sim, é verdade...* (pensativo). *Mas de onde você tirou isto?* (Seu tom de voz é desconfiado e desafiante).

Parece que o Sr. se espanta muito que eu dê valor para o que o Sr. sente e me diz.

Passam-se uns seis minutos, durante os quais X. parece bastante emocionado. A analista observa movimentos involuntários em seu corpo.

Sinto-me aflita com o silêncio e os movimentos corporais de X. Minha contratransferência é de culpa.

X. – *Você não sabe o que é...* (parece referir-se ao seu silêncio). *Me vieram muitas imagens na cabeça, mas foi uma frase que mais me ficou: quando minha mãe mandava fazer uma coisa, se eu não levantava rápido, ela me dizia: "Se você não for... eu irei". Eu então pensava: Eu tenho que ir, não! Mas eu ia...(autômato? Para não lidar com seu ódio?) isto me veio à cabeça... Acho que sou cachorro de um só dono... Só senti emoções assim fortes em filmes...*

A: Talvez por eu não o tratar como um robô autômato.

Mais para frente da sessão, X. lembra-se da "estória dos totens", relacionando-se à morte de seu pai "que de certa forma tinha sentido alívio com ela e como se sentia culpado por isto". Informa-me que o pai já estava com a saúde bastante debilitada (esclerose?).

Comentários

X., em primeiro lugar, pôde observar que um pensamento (*o que eu deixei de fazer*) está em sua cabeça sem poder ser "pensado". Procura investigá-lo. Consegue verificar que ele nem sempre diz respeito a experiências factuais, mas que é algo que vem do fundo de "alguma região que não está no mapa". Suponho que X. esteja podendo aproximar, pela diminuição de intensidade de seus *splittings*, conteúdos mentais de culpa projetados em objetos "fora" de seu mapa mental, e que em uma primeira aproximação aparecem de forma concreta, invadindo sua mente de "dores" (culpa).

Ao referir-se tanto à sua possibilidade de pensar sobre a frase, como a "boa sessão de ontem", X. indica que objetos bons vão se estruturando e permanecendo dentro de si, servindo como continentes mentais para seu pensar. Isso possibilita-o a reintrojetar aspectos de seu self (função de investigar), levando-o a uma maior diferenciação entre self e objetos (*eu conseguia dar ordens sem me sentir desligado ou autoritário*). Imediatamente após essa possibilidade, X. percebe que *vieram as dores*. X. percebe aqui a cisão que permanece dentro de si entre partes de seu self, confundido culposamente sua experiência de Ser.

É no momento que ele está falando com o pedreiro, sentindo-se com autoridade, forte (isto foi vivido como um trunfo), que as dores aparecem e no sonho o pai lhe cobra de forma implícita.

Creio que ele mostra aqui a origem da somatização. Ele triunfa sobre o outro, o humilde, o pedreiro, e aí é perseguido pela culpa que é somatizada.

Penso que a dor (culpa) é o resultado do ataque de objetos internos que retalham a sua superioridade triunfante. O pai cobra... seria o Superego? Ele tem noção de que "deixo de fazer algo"... seria este o aspecto de objetos bons do paciente? Ele assume que há uma falta qualquer nele que o impede de gozar a vida (a beleza da praia, da casa dos pais). O material em relação à mãe vai na mesma direção. Se ele não faz algo, a mãe tem que fazer – fará; isto é, o que ele deixa de fazer resulta em sobrecarga para o outro. Por sua vez, o objeto mãe funciona na base de infundir-lhe culpa.

Essa culpa é mantida por intermédio da fantasia de que sua autoridade e a possibilidade de ver a praia bonita é obtida à custa do objeto-pai-analista. Ao mesmo tempo, por estar somatizada não pode ser elaborada, e adquire um caráter onipotente.

Aceitar a analista como continente para suas descobertas diurnas o leva a poder se lembrar de seu sonho noturno. Surgem então conteúdos mentais "conhecidos", mas que permaneciam rígidos, em sonhos constantes (pesadelos) ou durante todo o dia em sua cabeça.

Quando X., no momento seguinte, aproxima seus sonhos diurnos "*o que deixei de fazer*" com seus achados noturnos, penso que indica sua possibilidade de tornar-se continente para um objeto persecutório (pai-mãe) mais tangível, realizando-o então na transferência, quando desconfiado me diz: "*de onde você tirou isto?*".

Neste momento X. parece realizar transferencialmente com a analista, sua experiência passada com seus pais, vivida por ele como objetos persecutórios que lhe davam ordens, eliminando e apossando-se de sua autonomia.

Minha interpretação apontando para o fato de que a analista dava valor para o que ele dizia, como ele próprio não podia fazê-lo, levou-o a sentir emoções como só em filmes podia sentir. Penso que essa experiência lhe permitiu começar a desfazer sua teoria culposa de que sua autonomia era retirada do objeto, portanto, ilícita.

O movimento que se segue, de querer me contar o que tinha se passado durante o seu silêncio, indica momento de culpa integradora. Suponho que, nesse silêncio de seis minutos, X. tenha se afastado de mim em suas recordações, com a função primordial de se reassegurar quanto à sua autonomia e possibilidade de ser continente das mesmas. Essa possibilidade de conter sua turbulência não o impediu de aproximar-se novamente do continente-analista. A maior integração de seu self e do objeto possibilitou-o, provavelmente, a se referir pela primeira vez a uma culpa mais tangível quanto a seus sentimentos e fantasia por ocasião da morte de seu pai, ainda que de natureza bastante persecutórios.

Material clínico nº 5: quinta-feira (sessão extra e após um ano e meio de análise)

X. telefona perguntando se eu teria uma hora para ele naquele mesmo dia.

Ao encontrá-lo, observo-o muito abatido fisicamente, demonstrando muita dor.

Está tomado de pânico de que sua mulher o esteja traindo. Pede-me ajuda, desesperado "*para que não aconteça neste casamento o que aconteceu no primeiro*".

Digo-lhe que observo que ele parece estar em um clima de sonho. X. consegue alcançar a repetição que lhe aponto haver nas frases e sensações que ele me dizia naquele momento, de frases anteriores ditas em relação a seus pais.

Disse a ele que eu pensava ser a essa traição consigo que ele se referia e que ele me pedia que o ajudasse a construir um casamento criativo consigo e com a analista, diferentemente daquele que ele sentia ter havido com seus pais.

Esses momentos dão-se em um clima de muita angústia, irritação e desespero, com a analista também. Grita, chora e gesticula muito, jogando seus óculos longe.

Mais para frente da sessão, referindo-se à mulher, me diz meio emocionado: "*É... eu não suporto mesmo que os outros não sejam como eu quero; o duro é que eu não gosto de ver que ela tem vida própria...*", e após algum silêncio: "*quem sabe se quando não é assim, eu acho que é traição, essa palavra horrível...*"

Disse-lhe mais ou menos o seguinte: "*...que eu o percebia agora conversando comigo como parceira e provavelmente tolerando os meus jeitões, que não eram como ele queria: minhas férias, meus reajustes, minhas limitações*".

Passa alguns minutos em silêncio e X. me diz envergonhado e emocionado: "*Sabe o que me veio à cabeça? Obrigado, mamãe. É... é... Mas eu sei que é com você mesma*".

Comentários

É interessante notar que esses episódios ocorrem após algumas faltas de sessões, logo após termos voltado de férias.

Penso que esses modelos de autonomia-traição-culpa tinham voltado a tomar o espaço que vinha sendo aberto para a reconciliação com seus pais-analista e consigo mesmo. O ódio e o desamparo sentido com nossa separação provavelmente não tinham sido elaborados suficientemente, por dificuldades de X. e da analista (me sentia muito impotente nas últimas sessões em que o encontrei, sendo que ele faltou às duas últimas antes das férias).

Ódio e culpa confundiam-se novamente, levando-o a atuá-los, traindo seu amor por si e pelo objeto. O ódio produzia a culpa e ao mesmo tempo vivia a culpa como ódio a si mesmo. Assustado com os sentimentos de culpa que poderiam advir ao verificar que valoriza a seus pais-analista, assim como a si próprio, falta a várias sessões depois das férias.

De repente é assaltado por essas traições, sentindo-se então muito angustiado.

A traição a si mesmo, pela subtração que faz de seus sentimentos, é projetada na analista-mulher que, ao tirar férias, o deixa só, não permanecendo à sua disposição como ele queria quando ele necessitava dela e de seu trabalho mental. A analista foi embora, por isso ele tem ódio assassino dela e tem medo que ela o traia com um outro que a trate melhor.

Suponho que quando X. comenta como quer que as pessoas sejam para ele, refere-se ao seu modelo de amor, não traidor: uma relação mãe-bebê, e não uma relação mãe-leite-bebê.

No final da sessão X. me diz "*obrigado, mamãe*", bastante envergonhado, emocionado e em um tom de voz quase infantil. Penso que nesse momento que X. escutou dentro de si um sentimento antigo, que permanecia como um sonho escondido e perdido em suas racionalizações, e agora podia expressá-lo por sentir que "obrigado, mamãe" não era algo que o excluiria de sua própria luta.

X. expressava sua emoção-amor-vergonha, que um dia fora encoberta por "desculpe eu existir".

Material clínico nº 6

Ao descer para chamá-lo percebo-o observando, em uma atitude de superioridade, o paciente anterior enquanto telefona "calmamente", falando em voz alta.

X. começa a sessão se desculpando por ter demorado para subir porque estava telefonando (cinco minutos).

Ele me diz em seguida, bem à vontade:

X. – *Hoje acho que vou ter que pedir que quando terminar a sessão você me chame.*

Algo em seu tom de voz me faz falar prontamente:

A – *Sua expectativa é de algo tão monótono assim, aqui comigo?*

Ao que ele me diz prontamente:

X. – *Não, não, de jeito nenhum, é que estou tão cansado – deitar todos deitam... levantar é que é a coisa.*

Refiro-me a algo como o desejo dele, não de dormir ali, mas de fazer do lugar dele junto a mim um "divã cativo", sem terceiros.

Fica meio atrapalhado, reticente e me diz:

X. – *Bem, bem, vamos lá – é que no meio de toda essa selva do dia que passei no trabalho... embora esteja vendo muitos resultados nele... me dá muita vontade de descansar...*

A analista comenta (apressadamente) que ele se referia a esse encontro como um oásis na selva e ele diz enfático:

X. – *Oásis? Não... arena de luta. Ué, porque falei arena?*

Mostro-lhe que talvez o oásis a que eu me referia seria poder me falar de sua selva e sua arena de luta. Que eu o percebia até bem à vontade comigo.

X. – *É* ... Refere-se logo em seguida à falta anterior, dizendo que dava para ter vindo. Mas estava muito embalado com o trabalho, que até dava para desconfiar.

Começa, em silêncio, a fazer desenhos com a mão. Fica por uns cinco minutos assim. O movimento com as mãos vai se tornando como um jogo de um lado para outro.

Percebo-me angustiada, excluída, no limite de minha tolerância. Digo-lhe que parece jogar tênis... Quem seria o parceiro?

X. – *Jogar tênis? Não, estou pescando. Pescando o trinco do armário* – descreve o armário em frente, minuciosamente. Digo-lhe que talvez ele gostaria de saber o que há dentro dele, desde que esse armário é de meu uso.

X. – *Não, não, deve haver só almofadas ou vazio. Saber alguma coisa é pior, quando não se sabe o todo.*

Digo-lhe que:

A – *Talvez desde o começo da sessão houvesse sentimentos que o Sr. mantinha em segredo, uma vez que não poderia saber tudo sobre eles.*

X. tem várias associações a seguir, sobre as quais fomos conversando, e por fim fala-me do filme "Muito além do jardim". Entusiasma-se contando o filme e, de supetão, levanta-se para mostrar como o personagem dizia: *I am gardener.* Insistentemente me perguntava se eu tinha visto o filme e sabia o sentido dessa frase.

Conversamos sobre o significado de seu entusiasmo no momento.

Comentários

Tomando essa sessão em seu todo, observa-se que X. a mitifica como um oásis ou uma arena; uma ambivalência de sentimentos por se sentir lutando contra dar valor ao trabalho analítico; quando oásis, deseja permanecer para sempre; quando arena, tenta afastar-se dela, projetando o que lhe amedronta em elementos sensoriais (seu dedo, o armário) ou em racionalizações: "*saber alguma coisa é pior, quando não se sabe o todo*".

Penso que com essa frase X. deu-me a pista para podermos conversar sobre sentimentos mais humanos de ciúmes, exclusão e culpa, assim como usar de associações-continentes, levando-o a ter a vivência de um *gardener* de si mesmo, dramatizando-a para mim.

Pensando no texto do filme no qual o jardineiro, ao referir-se como tal, buscava a sua verdade, livrando-se do personagem criado por outros, traduzia o medo de X. de aprofundar suas emoções, assim como minha contratransferência inicial devia-se à grande confusão quanto às mesmas (oásis e arena), geradora de vínculos culposos. Quando estes puderam ser mais elaborados, X. deixa surgir o seu desejo de encontrar-se *gardener* de si mesmo. Sua vivência de altivez e de superioridade eram evidentes naquele momento, mas não tinham o caráter agressivo do início do nosso encontro.

O personagem do filme presta-se enormemente à ideia de objetos internos não assimilados. Quem é Peter Sellers no filme? É uma pessoa que é ao mesmo tempo "o jardineiro" e aos poucos, sem ter a menor consciência do que está acontecendo, "simplesmente por ter caído lá", vai tornando-se alguém importantíssimo. Ninguém se dá conta das coisas sem sentido que ele fala, elas adquirem importância via idealização. O filme é um exemplo de como as pessoas podem "viver em identificação projetiva" (a frase misteriosa de Bion e Rosenfeld). Cada um vê no jardineiro seus próprios pensamentos criando uma relação narcísica (no sentido de Klein e Bion).

Apresento a seguir alguns trechos de sessões em que X. procura encontrar continentes para suas culpas, atualizando-os por intermédio da relação transferencial. Com isso, outras emoções, sentimentos e pensamentos vão se integrando ao seu self.

Não me aterei a comentários específicos às sessões, porque penso que eles se evidenciam por si só, na trajetória percorrida por X. nas interpretações da analista.

Material clínico nº 7

X. olha-me rápido, mas intensamente ao me cumprimentar.

Resmunga alguma coisa ao deitar-se.

Observo que ele está respirando, como alguém que tenta não se afogar.

X. – *Passa cada coisa na cabeça... Queria te fazer uma pergunta, mas me dá até vergonha de falar... Não, deixa para lá... é besteira. Puxa!* (com muito sofrimento).

A – *O sr. me disse que se passavam coisas na sua cabeça. Talvez o Sr. não se atreva a olhá-las...*

X. – *Sim... Não, é que é total besteira* (sua respiração torna-se novamente muito intensa).

A – *Eu observo que o Sr. agora, como no início da sessão, respirava como alguém que está se sentindo afogado, mas apenas consegue pôr a cabeça para fora. Reparou nisso?*

X. – *Sim... Mas...* (como quem diz: *e daí?*).

A – (penso que é melhor aguardar...)

Após um silêncio de três minutos ele me diz em tom de sonho:

X. – *Me veio aquela frase de ontem, como é que eu disse mesmo? Quem se suicida é porque tem boas razões para isso... ou porque tem natureza suicida, ou porque está evidente que as razões lhe levam para isso.* Num tom de quem volta à realidade, diz: *Mas porque estou falando isso?*

A – *Quem sabe o Sr. se deu conta de que estava suicidando a sua possibilidade de conversar sobre o que lhe vinha à cabeça, temendo ser besteira, vergonhoso...*

X. – (em tom racional e indiferente) *Uh... já aconteceu outras vezes também aqui, e eu não falei, é pura besteira.*

A – *Parece que o Sr. me ouviu exigindo-lhe que falasse...*

X. – *E que olhasse!* (muito comovido)

Durante alguns minutos estou perdida, confusa, sem saber para o que ele olha. Resolvo ficar quieta, só percebo que há muita tensão e sofrimento.

X. – *Bem, vou falar... é que você está com um esparadrapo no braço... Não é a primeira vez que observo* (como quem confessa). *Pode ser um exame de sangue. É isso... um esparadrapo igual a todos, um exame de sangue, claro! Só isso.*[4]

(Percebo uma calma aparente, buscada em sua razão).

A – *Penso que o Sr. às vezes, como agora, trata-se como "um só isso" ou se sente tratado por mim como tal.*

(Suspiros)

A – *Como é que o Sr. registrou o nosso encontro hoje?* (Era uma reposição a uma impossibilidade dele). *O Sr. me disse uma vez que esse horário me fazia levantar cedo, outras vezes que não gostava desse horário porque eu ficava dormindo sem lhe dizer nada de bom* (disse-lhe isto provavelmente porque me sentia culpada de não conseguir atingir seu sofrimento que me parecia ser muito grande).

X. – *É... esse horário...*

---

4 O esparadrapo localizado no meio do antebraço era para prender uma agulha de acupuntura.

(Tenho a nítida impressão de que evoca algo).

A – *O Sr. parece me dizer isto como um horário que contém muitos séculos!*

De supetão, muito emocionado, ele diz:

X. – *Eu já vi esse esparadrapo. Era igualzinho.... Quando minha mãe estava doente... Um pouco antes dela morrer, ela punha esse esparadrapo. E parecia que não era nada...* (muito emocionado começa a chorar baixinho).

A – *E eu vou morrer também... se o Sr. se sente ligado a mim, como tem me dito, vai me deixar com câncer... Para ver o esparadrapo, é que olhou para mim... Quem sabe o Sr. considera ter olhos com o poder de atacar-me, assim como à mamãe que o Sr., quando pequeno, "ficava olhando para ela tão bonita"* (refiro-me a comentários anteriores seus).

X. – *Tão bonita, e morta...*

A – *Sim, ela lhe parecia morta quando o Sr. ficava olhando-a muito assustado e impotente quando...* (refiro-me a situações relatadas por ele e percebidas como de muito ódio).

X. – *Sim, sim, aquilo não podia ser!*

(De emocionado, passa para um tom de ironia e sedução).

X. – *Mas isto já foi... Não é isso que você fala?*

A – *Acho que neste momento, o Sr. preferiu suicidar seus sentimentos; não me refiro aqueles de antes, mas estes que sente comigo – quem sabe eu também vou morrer, se o Sr. se aproxima, me pede a sessão, achando que irá repetir o que se passou com sua mãe.*

X. – *Isso é verdade... está aqui de novo o Homem das razões.*

A – *O bebê das razões... que toma como razão principal de sua mente o que eu vou achar de seus sentimentos – uma besteira, uma vergonha...*

Sorrindo, aliviado:

X. – *O bebê está cansado...*

Silêncio de três minutos.

X. – *Acho que dormi... eu... sonhei: estava na porta de um elevador. Saía dele um homem com um furo na cabeça – um tiro, mas ele já estava bom, cicatrizado... Mas era funda a marca (a culpa), um buraco. Eu via a ele. Mas parece que ele* (objeto explorado) *não me via porque olhava para um outro homem que vinha chegando. Esse era um amigo de meu pai, o outro também era. Depois já não era assim. Nós dois nos olhamos – e então...* (muito emocionado) *olhei para ele... e eram só chagas em seu corpo... e seu rosto também começou a ficar deformado pelas chagas – mas o outro homem, que agora passava a ser eu, parecia* (diminuição do splitting) *não se impressionar tanto com isso – (eu sabia que ele era o outro mas era eu também) – ele ficou mais jovem, da minha idade, e também mudou o cenário: não era mais aquele corredor imenso, em que ele não podia me ver ao sair do elevador. Depois era numa sala de consultas. Como de médicos de antigamente, simples, para atender mesmo e fim de papo; não para impressionar... Tinha duas portas que se batiam quando abertas ao mesmo tempo. Eu esperava o choque, mas não houve. Entrei, ele fechou uma, depois abriu a segunda, e passamos juntos... Puxa! Foi compridíssimo* (olha para o relógio)! *No entanto, acho que só foram três minutos!*

X. associa o corredor ao do Hospital de sua mãe. Assim como associa o homem do furo na cabeça a alguma figura que ele já tinha visto em outros sonhos.

A sessão continua e X. vive momentos de ódio e raiva pela analista *que tinha* a "petulância" de lhe dizer que ele via nela aspectos de sua mãe. "*Minha mãe era minha mãe*". Volta-se depois para, com ternura, dizer-me:

X. – *Sabe, este trabalho tem me ajudado muito, eu estava brincando; ainda hoje ao levantar-me cedo pensei nisso quando me vi com raiva de levantar cedo: compensa...*

Material clínico nº 8

Cumprimenta-me, meio sorrindo, meio sonhando.

Faz um silêncio de uns oito minutos, enquanto limpa seus óculos várias vezes e faz movimentos com as mãos, como desenhos. Suspira.

(Resolvo incluir-me mais ativamente).

A – *O que é que o Sr. acha que não tem acesso dentro de si? Que só pode fazer o contorno com as mãos?*

X. – *Uh? Sim, eu estava pensando... quer dizer, estava olhando – já explico melhor – por isso fazia movimentos com as mãos.*

A – *Parece que o Sr. ficou assustado com a minha pergunta?*

X. – *Assustado? Não, não... acho que fiquei espantado, não esperava a sua atenção... fiquei... não sei, fiquei agradecido. É... mas eu estava pensando, acho que fiquei alguns minutos em silêncio, não é?* (foram oito minutos). *Parece alguma coisa difícil de eu falar...*

A – *Ser ouvido?*

X. – *Sim... sim, encaixa com o que eu pensava...*

Silêncio de três minutos.

X. – *Eu estava pensando... eu tenho andado muito cansado... Dei uma saída antes de vir para cá, e eu estava derreado, e fiquei pensando nisto, que eu já tinha pensado ontem à noite.* (Vai ficando muito tenso). *Mas naquele momento pensei de novo. Digamos, é uma coisa como boicote... é boicote...* (parece absorto) *não é esse negócio de eu andar cansado... Faz uns dois meses... parece... que tem um personagem sempre junto...* (dele).

Pausa (retoma-se com uma voz ativa, contando):

X. – *Sabe, eu tenho feito algumas coisas que são pequenas, é verdade, mas que... dão conforto. Tenho tomado decisões nesse sentido. Vou comprar um barco para os meninos, um carro que caibam todos* (explica o porquê da troca) – *e, bem, a nossa casa na praia está ficando pronta. Não sei, aquela casa tem alguma coisa! Há muitos anos que eu penso num lugar assim... é pequena; com vista, fechada o suficiente, bem, a água é meio suja... mas de lama, não é poluída. É o que eu sempre quis... No sábado quando nós comprávamos algumas coisas, de repente me senti muito tenso, muito cansado, foi então que eu liguei as coisas...* (sua voz é aflita e tensa – seu corpo está rígido) *e parei para pensar. Percebi exatamente alguma coisa que está sempre comigo, acho que faz tempo... é como um personagem que não fala, mas acusa; é só um quadro* (estático) (imita uma voz arrogante): *"Você pensa que vai conseguir ter uma vida feliz? Que se livra de mim? Com todas as suas imperfeições?"* (extremamente agitado).

A – (eu também me sentia tensa) *Bem, eu lhe observo tenso, agitado, talvez nesse momento me sinta como esse personagem cruel.*

X. – *Não, não, aqui não, estou é impressionado de estar falando nisto, mas... estou apavorado.*

A – *O Sr. agora há pouco ficou surpreso que eu lhe desse atenção...*

(interrompe-me)

X. – *Sim...*

A – *Então, embora o Sr. se sinta confiante e tenha confiança em me deixar ouvir sobre esse personagem, eu também lhe assusto como ouvinte dessas descobertas.*

X. – *Isso é verdade... porque estou quebrando um pacto de silêncio. Mas sabe, quando você falou de ser esse personagem, eu reagi dizendo que não, mas que tem esse personagem aqui tem* (sorri) – *parece absurdo, mas que está aqui, está...* (aponta para um canto) – *lá... num poleirinho – ou então dentro do armário trancado* (muito tenso) – *gozado, me veio a praia de novo...*

A – *Suponho que o Sr. me fale de um sonho onde há pactos de silêncio. Penso que ao mesmo tempo o Sr. procura meios de colocar palavras em silêncios trancados dentro de si para ouvi-los, senti-los e compartilhá-los comigo. Quem sabe poder realizar outros tipos de "pactos" comigo.*

A sessão continua num interjogo de vivências concretas e alucinativas, e uma experiência mais pessoal com a analista.

Material clínico nº 9

Assim que deita me diz que tinha lhe chamado atenção sua confusão quanto ao dia da semana.

X. – *É, acho que a sessão de ontem valeu por duas...*

Logo depois fala em parar a análise, porque precisava de seu tempo para outras coisas.

A sessão prossegue com associações em que lhe aponto alguma coisa como um sentimento seu de "Ter aqui comigo, um enriquecimento ilícito".

X. diz que essa palavra ilícito tinha lhe transtornado muito. Preferia mudar de assunto (com tom autoritário e raivoso).

Minutos depois diz que se sentia desfalecendo.

A – *Apontei-lhe que talvez ele pudesse usar daquela experiência para pensar se "o mudar de assunto, não seria petrificar suas emoções, deixando-o desfalecido (esvaídos) em vez de expressar a raiva que ele tinha sentido por me sentir transtornando-o.*

Passados oito minutos, ele me diz:

X. – *Que coisa! Que coisa! Que coisa estranha que é isso! Minha censura impede de lhe falar... É uma coisa surrealista...* (com um intervalo bastante grande entre as frases, vai me dizendo muito comovido). *Se eu pudesse falar... É com você... eu não posso me censurar assim* (desesperado). *É o passado no tempo... Como dizer? Se eu pudesse dizer...* (muito comovido). *Acho que tenho vergonha.*

A – *O que é que a censura lhe impede de me dizer, o que o Sr. já disse com sua emoção? É comigo, eu lhe ouvi.*

X. – *É como se eu lhe conhecesse a vida toda. Se eu puder falar... Como falar?* (Silêncio) *Havia um ponto inicial, outro ponto, vários pontos e formavam uma figura. Você era esse ponto inicial e desse ponto vinha o tempo. É, é isso. O passado, não, a volta do tempo. Era como se de você saísse um túnel, e desse túnel eu tivesse a visão de toda minha vida, numa perspectiva de tempo. Alguma coisa como ganhar a tridimensão... Parece que fui preenchendo a perspectiva de minha vida com outras figuras: um Homem das cavernas numa posição de defesa, com uma pedra na mão, e a outra mão suplicando* (faz os gestos) – *ao lado tinha uma mulher, aquela que antes eu via na parede. Depois eu me organizava me vendo agora aqui. Acho que o que tive foi muito primitivo!*

Sua emoção de vergonha e culpa por ter estado com a mãeanalista desde que nasceu podia nesse momento ser desmistificada em seus aspectos absolutos, propiciando-lhe uma experiência viva de parceria.

Comentários gerais

Ao pesquisar meus apontamentos de sessões com esse paciente, deparei-me com um processo bastante ordenado e transparente quanto à flexibilização e criatividade progressivas que sua mente pode alcançar.

Estou chamando de ordenada (aspectos de vida) a maneira pela qual X. procurava continentes mentais para suas emoções, e suas tentativas de transformá-las.

Dois fatos me intrigaram nesses achados: esse que chamei de ordenação em suas conquistas mentais e o crescente bem-estar que X. pôde adquirir.

Pensei então que essa ordenação assim como o desenvolvimento tal alcançado se devessem principalmente ao seu desejo e determinação de viver, representantes individuais da "ordem lógica do

Universo" tão preciosa para X. Lógica essa (ordem, oposto a caos) usada até então de maneira tão contra sua individualidade.

Um outro fator para essa vitalização de sua mente foi a continência possível de seus movimentos mentais, mobilizados pela experiência transferencial com a analista.

Em sua vida particular, concomitantemente ao trabalho de análise, X. restabeleceu seus vínculos afetivos, encontrando neles muito apoio para seu desenvolvimento emocional.

Essas observações levam-me a crer que, de fato, a infância de X. foi vivida sob fortes adversidades não propiciadoras para seu desenvolvimento.

Período I

No início de nosso trabalho as identificações projetivas e reintrojeções mobilizadas pela relação transferencial levavam-no a grande confusão e intensos conflitos entre amor e ódio. X. usava seu corpo e sua razão como couraças para defender-se de suas ansiedades e culpas, resultantes desses conflitos.

No entanto, por detrás dessas couraças, transpiravam sentimentos de desamparo e culpa rastreando sua comunicação com a analista.

Fui me dando conta de que essa emoção-culpa, embora nem sempre percebida por X., parecia fazer parte de suas experiências emocionais. Era o canal e também o sorvedouro de suas emoções consigo e com a analista.

Supus assim que a rigidez mental de X. se devesse a culpas não elaboradas que impediam a simbolização de suas relações objetais. X. copiava a doença da mãe e fazia o papel do pai traído por ele em suas fantasias. Nessas culpas, suas experiências emocionais consigo e com o objeto permaneciam e/ou tinham adquirido um caráter concreto, dentro de uma equação simbólica rígida. Tentarei formular essa equação da seguinte maneira:

– inicialmente: relacionar-se = emoção = culpa

– agora: emoção – culpa = relacionar-se

X. demonstrava ter um vasto acervo cultural do qual emprestava metáforas, ditados, episódios históricos, construía modelos, mas com igual habilidade, racionalizava o conteúdo emocional dos mesmos, usando-os para defender-se rigidamente de seus próprios sentimentos.

No entanto, pelo conteúdo emocional desse acervo cultural, X. deixava transparecer grande sensibilidade e valorização a fatos psíquicos, embora negasse a ressonância afetiva dos mesmos para consigo.

O interessante foi observar que durante algum tempo o significado emocional desse acervo cultural surgia "na hora certa" do ponto de vista da analista. X., no entanto, o usava de forma contrária para negar sua experiência emocional do momento. Essa negação produzia um impacto na analista, atraindo-a a respostas racionais.

Essa lembrança evoca minha contratransferência bastante mobilizada no início de nosso trabalho. Vejamos:

De seus primeiros seis meses, tenho apenas algumas anotações, mas guardo uma experiência bastante profunda desse período. Agora a distância, percebo que eram sessões das quais eu pouco retinha que pudesse ser transcrito. O que me ficava era um intenso impacto emocional, cansaço, perplexidade, culpa, e um sintoma físico que comecei a me dar conta pela sua frequência: eu suava muito, o que não me é costumeiro.

Quem sabe esse suor do meu corpo era alguma sintonia com a linguagem corporal de X.? Da mesma forma, penso que expressava a minha dificuldade em elaborar o significado de suas identificações projetivas, que se davam dentro de um modelo rígido *Non ducor, duco* imposto por ele à nossa relação.

O tom absoluto com que era vivido por X. este objeto-lema "Comando, não sou comandado" determinava indiscriminação entre o sujeito e o objeto do mesmo lema.

Penso estar aí o núcleo do vínculo de culpa onipotente subjacente a seu desamparo frente a experiências emocionais com seus objetos internos e externos.

Nesse primeiro período, a captação e elaboração por parte da analista de suas próprias emoções penso ter sido fundamental para o prosseguimento do trabalho analítico. Principalmente para que ela suportasse ser continente das identificações projetivas resultantes desses objetos internos absolutos da mente de X. A presença desses objetos internos não assimilados expressava-se por meio de: a) frases que surgiam como "estranhas" à sua mente (*"de onde tirei isto?"* assustado); b) pesadelos constantes; e c) emoções *"antes sentidas só em filmes"*.

Período II

X. passa por um período de incerteza, faltas às sessões, coincidindo com o após férias. Anteriormente X. tinha se mostrado muito cético quanto ao aspecto emocional da nossa separação, apontado pela analista.

Restabelecido nosso contato, X. encontra um novo recurso para aproximar-se de seus conteúdos mentais na experiência analítica: projetar seus conteúdos mentais em objetos sensoriais da sala de trabalho. Simultaneamente suas somatizações diminuíam.

Sombras, manchas, barulhos, objetos da sala, pernilongos, eram utilizados como objetos de suas alucinações. Apareciam de forma brusca, interrompendo o fluxo de seu pensamento e de sua fala. X. de fato alucinava seus objetos persecutórios (amor e ódio) durante a sessão. *"O que é isto? Um pernilongo? Não, é imenso, ele vem vindo, olha, ele parou lá – estou suando..."*.

A analista percebia esses movimentos como resultantes da brecha emocional havida pela quebra da rigidez de suas frases-racionalizações e de suas somatizações (objetos internos não assimilados). As fantasias e sentimentos antes enclausurados nesses objetos cindidos e não assimilados retornavam à sua mente em um ímpeto furioso, dentro de um vértice de dor, prazer e desprazer. Rompia-se uma relação de objeto rígido, de natureza culposa, e emanava dela uma grande dor de culpa persecutória referente tanto ao self como ao objeto.

As defesas voltam-se contra o significado dos impulsos, contra um casamento com o significado dos mesmos, mais do que contra os impulsos em si mesmos.[5]

Ao *expressar* de forma tão concreta seus temores e fantasias, X. provavelmente se defendia da invasão do significado emocional dos mesmos em sua experiência com a analista. Tal significado ligava-se em primeiro plano à culpa onipotente e/ou persecutória.

Em minha leitura, as alucinações de X. revelavam identificações projetivas para as quais X. imaginava não poder contar com a analista como continente-vivo. Pelo curso que elas foram tomando, considero esses objetos alucinatórios como "Objetos intermediários" para a integração de aspectos cindidos de seu self.

Principalmente com interpretações ligadas ao vértice da culpa intrapsíquica, a natureza desses objetos cindidos foi se transformando. Tornaram-se mais vitalizados, flexíveis e criativos para o fortalecimento do vínculo vivo com a analista.

Penso que nessa fase o que estava podendo ser desmistificado era seu vínculo-culpa-onipotente.

À medida que esse pode ser mais conhecido, X. pode atingir um outro nível de organização mental. O conteúdo emocional daqueles

---

5 – *If I read Bion correctly... defenses defend against the emergence of significance – meaning rather than to instincts per se* (p. 20), James Grotstein. W. Bion, The Man, The Psychoanalyst, The Mystic, In Do I Dare Disturb The Universe?

objetos antes cindidos eram relatados nas sessões por intermédio de sonhos ou "estorinhas" logo após momentos de silêncio. Outras vezes podiam ser experimentados diretamente na relação transferencial.

Esse processo naturalmente teve seus "vais e vem", muitas vezes alternado com desejos de X. de parar a análise e por frases-objetos que permaneciam em sua cabeça "*durante todo o dia*" como "*esse processo está chegando ao fim, não adianta insistir*".

Penso que a satisfação demonstrada por X. ao sentir-se responsável pela sua vida mental ajudou-o na sua árdua e dolorosa tarefa de perceber que a sua análise, assim como sua vida, é construída a dois.

10. Metabolismo da sexualidade[1]

O tema proposto é extremamente complexo e incognoscível em sua profundidade, trazendo-me à mente o verso do poema *Oração ao Deus desconhecido* de Nietzsche: "Quero conhecer-te, ó desconhecido!". Proponho-me polemizá-lo indo além de meras descrições das teorias já propostas, por exemplo, quanto à sua influência na participação biológica, na constituição do psíquico e tudo o que decorre daí. Refiro-me sobretudo à relação entre *instincts*-pulsões dirigidas ou não (autoeróticas) desde sempre para um Objeto, e as relações objetais primitivas.

O estudo profundo desta correlação corpo-mente sempre esteve subjacente à minha leitura clínica. Meu primeiro trabalho apresentado na Sociedade chamou-se *Vivências Surdas Mudas* (Jornal de Psicanálise, nº 11, Vol. 30, 1979), trabalho clínico com uma paciente que, após 6 anos de casamento, não tinha tido relações sexuais com seu marido ao mesmo tempo que alucinava que formigas subiam em seu pescoço sempre que percebia uma aproximação corporal

1 Sem data.

independentemente de ser com seu marido. Suas menstruações eram muito raras e quando me procurou já estava há 9 meses sem as "regras". Isso a preocupava (racionalmente) "desde que este fato poderia ser uma doença". Como exemplo de sua alienação sensorial trago o seguinte: atendida enquanto se realizava um jogo de futebol da Copa, depois do barulho seguido de três gols me disse: "*Ouvi barulho, está havendo um jogo, deve ser alguma coisa*". Essa moça era considerada bastante inteligente, mas com grandes dificuldades de relacionamento na Universidade em que lecionava. Seu andar e postura eram rígidos como se supõe ser de um militar. Após uma sessão na qual foi possível mostrar a ela a possível equivalência animal existente em sua mente, entre pessoas e formigas atacantes, a paciente iniciou a sessão seguinte dizendo-me em tom de voz aliviada que tinha menstruado e sem dor. A minha colocação na sessão anterior deu-se em um momento em que deixou transparecer pelo tom de sua voz que algo de minha parte (atraso?) a tinha afetado negativamente. Simultaneamente, bastante assustada, começou a sentir formigas subindo no pescoço. Antes de conversarmos sobre o ocorrido sugeri a ela que fosse ao banheiro e verificasse as formigas. Voltou e disse: É, não tem. Pude então aproximar a sua sensação de sentir-se desprezada pelo meu atraso com o aparecimento das formigas subindo por seu corpo. Penso que nessa comunicação dei validade ao seu corpo sugerindo que ela tinha o direito de cuidar-se (ir ao banheiro e conferir o que era seu) e dei fé ao seu sofrimento. A paciente tinha se referido anteriormente que ninguém "dava fé" no que ela relatava, recebendo sempre a resposta de: "*Você é louca*". A bem da verdade, eu me espantei que a paciente tivesse acolhido minha sugestão. Não condizia com a figura imponente, refratária a qualquer comentário, essa tarefa de ir ao banheiro examinar seu corpo, a não ser que fosse pelo fato de estar vivendo uma franca alucinação. A associação de formigas com trabalho é sugestiva, pois sua vida era até então regida por regras apenas de trabalho, do agir. A própria menstruação, sinal incontestável de seu sexo feminino, provavelmente era sentida como uma "regra" a mais a ser vivida. Por isso assinalei a palavra "regras" tantas vezes repetida por ela. Talvez a paciente, pela sua vivência analítica, tenha experimentado um trabalho, no qual seu corpo-sexualidade podia ser vivido a seu favor, e não de uma regra a ser cumprida. E ainda pelo fato de eu ter levado a sério seu sofrimento e não a ter visto com a pequenez de uma formiga, humilhando-a mais uma vez (você é louca), pôde estar mais perto de si e menstruar no dia seguinte, liberando seu metabolismo feminino. Vale lembrar que para chegar à análise foi preciso para a paciente chamar de doença seu desconforto (linguagem de adulto?). Entendi que o termo Doença foi usado defensivamente, por estar mais perto da regra/dever de cuidar-se e, talvez, distante do seu corpo sexual e do desejo erótico.

Esse tema Sexualidade está na base e permeia toda a obra de Freud. Dessa forma, podemos dizer que: sexualidade é energia vital instintiva direcionada para o prazer, passível de variações quantitativas e qualitativas, vinculada à homeostase, à afetividade, às relações sociais, às fases do desenvolvimento da libido infantil, ao erotismo, à genitalidade, à relação sexual, à procriação e à sublimação.

Como vemos, esse tema é bastante complexo e de vasta abrangência, com múltiplas ramificações igualmente complexas. Decorre daí a fundamental importância de ser refletido.

O inconsciente, junto com a sexualidade, são os dois eixos pilares da teoria de Freud e da Psicanálise, assim como de quase todas aquelas que se seguiram a ela.

O sexo vem da nossa parte biológica animal e expressa-se por nossos instintos. É direto, sem o simbólico, por isso quem o domina são nossas sensações e nossos sentidos instintuais.

Dele decorre o erotismo que, em sua raiz, é sexo, natureza. Porém, por ser uma criação e por suas funções na sociedade, não é mera sensualidade, é cerimônia, é representação, é rito, portanto cultura, sexualidade socializada.

A sexualidade, enquanto tal, é mais abrangente do que corpo sexual e do que o desejo erótico. Essas, no entanto, estão no escopo da sexualidade. Sabemos que o trabalho dos *instinct*-pulsões está no escopo das influências culturais ao mesmo tempo que as características comportamentais de cada espécie animal são fixadas pela herança genética. Seria demais querermos indagar se o homem animal teria alguma diferenciação dos outros animais quanto, por exemplo, às protofantasias (filogenia)? Herança genética e/ou efeitos culturais?

Conjecturamos que na sexualidade está o recurso de maior potência do Ser Vivente (Freud, 1897) pois, ativamente, poderá sentir o corpo vivo ou o vivo na carne sem o auxílio de um objeto externo, sem a ajuda específica (satisfação, dor e/ou alívio de tensão), experiências vividas de forma passiva, por exemplo na micção e na evacuação. Seria válida essa conjectura?

Pressupostamente, o prazer no autoerotismo é fornecido à margem de funções biológicas (como a necessidade de alimentação), sem objeto exterior e de forma local em uma determinada ou não zona erógena. Não sendo necessariamente anterior à realidade objeto. Na condição de agente ativo de fonte de prazer, independente do mundo externo, refiro-me, por exemplo, à masturbação como fricção do corpo, ato percebido em idosos que possuem pouco contato com a vida mental. Comum ainda em mendigos excluídos da vivência social ou em bebês quando em situações de desamparo fazem uso da sucção do polegar. Esses exemplos não excluem o ato normal da masturbação pela necessidade de alívio de tensão e/ou de busca de prazer. Poderíamos tomar isso como prova de que a ação da sexualidade que percorre o corpo é mais primitiva, anterior à formação da organização do inconsciente individualizado, básica para o seu desenvolvimento? Não estou falando de prazer dirigido. Freud refere-se ao conceito de repressão, em sua autobiografia (S.E., vol. 20, p. 44), como a pedra angular do edifício da Psicanálise: "As teorias da resistência e da repressão do inconsciente, da significação etiológica da vida sexual e da importância dos acontecimentos infantis são os elementos principais do edifício psicanalítico". Não está isso já observado e postulado por Freud quando no Projeto se refere aos neurônios permeáveis e impermeáveis? Referência essa como tentativa de descrever a distribuição da energia físico-química da sexualidade? E de que será por intermédio da qualidade dessa distribuição (*quantum*) que se constituirá o inconsciente apontando assim para a gênesis da vida psíquica (conflito)? Em relação à repressão, em *Três Ensaios*, Freud postula que "o instinto sexual tem que lutar contra certas forças psíquicas que atuam como resistências, entre elas: vergonha, repugnância e moralidade. Seria a repressão algo relativo a diferentes contextos culturais?".

Reflitamos sobre a sexualidade estando na raiz do inconsciente.

A sexualidade "nos é dada biologicamente" enquanto animais-humanos e com o auxílio da força propulsora dos instintos/pulsões. O inconsciente é "constituído ou inventado", não é uma vivência indiferenciada desde o seu início.

Não são as pulsões os veículos para a formação, desde o mais primitivo do inconsciente, alimentando-o das protofantasias, herança do grupo humano e tornando-o membro do mesmo? Disso me vem uma indagação: seriam essas protofantasias independentes do afeto humano oferecido pela ajuda específica? E que ainda assim agem sobre o inconsciente individual? Exemplo dessa indagação poderia ser quando se fala "esse menino é de natureza ruim" estarmos nos referindo a algo subordinado à transmissão genética e refratário à ajuda específica? Essa questão poderia ser confirmada ou refutada por observações epidemiológicas.

Também em relação à transmissão do acervo transgeracional, por que via isto ocorreria? Apenas pelo código genético ou nas protofantasias um inconsciente transmissor agiria sem a base e auxílio da sexualidade?

Qualquer dessas alternativas não seria equivalente a darmos mais valor à noção (somatopsíquica) da participação dos *Instincts* do que às pulsões que são seus representantes junto ao desenvolvimento do psíquico? Será isso possível? Daí virá uma questão clínica: cada um de nós percebe em seus pacientes essas fontes mais ou menos primitivas e desconhecidas, mas atuantes, não adquiridas por experiências pessoais. O que fazer com elas? Em minha observação, é necessário que elas se acoplem a alguma experiência real, atual, para que passem a fazer parte do acervo individual e serem metabolizadas, como se refere Freud como a única possibilidade do *Sentimento de Culpa Inconsciente* ser metabolizado (rodapé em O *Ego e o Id*, vol. 19, p. 66).

Um paciente angustiado com o destino e o significado de sua vida afetiva me disse: "*Relaciono-me com muitas mulheres, todas me parecem iguais. Não sinto mais prazer com nenhuma delas. Percebo que estas situações me têm sido fonte de muita angústia*".

Como complemento de minhas reflexões, teríamos que refletir também sobre o uso da sexualidade na cultura contemporânea, isto é, ao maior direito à liberdade sexual saudável, assim como à banalização da sexualidade que a *Sociedade do Espetáculo* tem instituído sobretudo nas novas gerações.

11. Desafios clínicos nos tempos atuais[1]

A indiferença afetiva

Proponho-me apresentar os novos fios que tecem a trama psíquica de nossas mentes na atualidade.

Por que na atualidade? A mente humana mudou? Seriam as mentes histéricas estudadas por Freud diferentes das mentes de nossos tempos, consumistas ou com *piercings*? Não, diferem-se apenas em suas sintomatologias, isto é, na maneira de expressar seus sofrimentos relativos à incapacidade de expressar genuinamente seus vínculos sexuais-afetivos. A psicodinâmica inicial do recalcamento foi quase posta de lado diante da facilitação que a materialização de nossos desejos e necessidades oferece. A manutenção da concretude mental não pressupõe afetos. Pode-se lidar com eles usando-se da negação, da cisão ou do deslocamento. Os *piercings* são colocados e removidos à vontade do freguês. Esses e outros são os nossos fetiches atuais.

Então vejamos: se por um lado a natureza humana permanece a mesma, a maneira com a qual o homem estrutura e organiza sua mente tem sofrido influências relevantes do meio ambiente, ocasionando mudanças significativas quanto à construção da trama afetiva.

---

1 Artigo original de 2009.

Todos nós nascemos com um potencial de desenvolvimento afetivo, social e intelectual. Esse potencial se desenvolve à medida que é ativado pelo meio ambiente. No interjogo entre o meio privado e social, vão se formando padrões e modelos de relacionamento afetivo, ético e moral. As profundas alterações do todo dia da vida moderna modificaram bastante a natureza desses padrões até então estabelecidos. Poderá acontecer também de o ser vivente não atingir sua condição de se humanizar, isto é, permanecer ou se construir apenas como um autômato, robô ou androide, dependendo dos elementos primários que constituem a psique humana.

Ninguém nasce humano, torna-se humano. Essa é uma ideia que gosto muito, que me auxilia quando estou comigo mesma ou com meus pacientes. O ser humano esforça-se para aprimorar a qualidade dos relacionamentos, do sentir e do pensar.

Temos nossos propósitos mesmo sabendo que não serão plenamente atingidos. Para tal desenvolvimento, a natureza humana conta com sua capacidade de metaforizar e simbolizar seus potenciais afetivo, sensorial e psíquico. A função mental de formar símbolos nasce da atividade intra e interpsíquica, isto é, do contato afetivo consigo mesmo e com o objeto de relação, constituindo o acervo psíquico estável e, portanto, utilizável para as ações. Situa-se nesse âmbito a fundamental importância do processo de formação de vínculos para o desenvolvimento da vida psíquica.

Deve-se ter em conta que somente quando as emoções, sentimentos e o raciocínio abstrato forem experienciados na vida de relação intra ou interpsíquica é que serão úteis para o acervo mental simbólico. Dessas experiências nascerão a noção do estar vinculado a alguém, como também a qualidade afetiva do modelo dessas vivências, qualquer que seja sua natureza, desde que genuína e sintônica consigo mesmo.

Não é só o amor que constrói, o ódio também, se for experimentado como sintônico consigo mesmo. Esse aparente paradoxo, em função do ódio ter como característica principal a desconstrução, por vezes a desconstrução é necessária para a instalação mental em seu todo e/ou como recurso de eliminar dores insuportáveis. É preciso lembrar que o bebê necessita projetar na mãe o ódio que ele sente para que possa prosseguir em seu crescimento. O ódio é um sentimento comum a todos, próximo da dor, do desamparo, pois com ele sempre há uma ruptura. Para que o ódio seja metabolizado é necessário um continente suficientemente bom que o acolha. Caso contrário, permanecerá apenas como um grito ou um silêncio de dor e como elemento desintegrador da mente.

Em nossa clínica deparamo-nos a todo momento com padrões de desafeto. O que fazer com eles, de uma maneira que não nos tornemos moralistas ou superegoicos? Que não julguemos ou acusemos nossos pacientes, mas que nos aproximemos direcionados para os territórios da dor que permanecem ocultados na maneira desafetiva de ser no mundo? Dizia Clarice Lispector: "o pior sofrimento é aquele de não poder sentir o seu próprio sofrimento".

Muitas das mudanças socioeconômicas propiciaram e ocasionaram uma fraca vida afetiva, seja ela estrutural ou dinâmica. Na cultura vigente, são até mesmo valorizadas defesas emocionais que impedem o contato afetivo com o outro. Dentre essas defesas, destaca-se a "indiferença afetiva" como um dos principais componentes na estruturação e organização mental. Todos nós temos sido mais indiferentes a tudo aquilo que nos perturba, pois às vezes torna-se necessário recorrer a padrões de comportamento nos quais a afetividade costumeira é afastada. Somente assim podemos lidar com nossa impotência e fragilidade em face de tantos bombardeios desumanos que todos sofremos. Refiro-me às grandes barbaridades que se sucedem, seja o desamparo em que é deixado o ser vivente desde seu nascimento, sejam as atrocidades das matanças, as injustiças socioeconômicas, as irresponsabilidades dos poderosos. Essas situações são desumanas, mas não inumanas, desde que são possíveis de acontecer a todos nós. Nelas impera o poder narcísico, individualista e antiético. O amálgama afetivo desaparece e o ser vivente torna-se prisioneiro de modelos de relacionamento desprovidos de compaixão, de responsabilidade e de solidariedade. E aqui chegamos ao ponto capital de nossos desafios clínicos: como lidar com a indiferença afetiva que, eliminando a manifestação seja do amor ou do ódio, impede a formação dos núcleos de desenvolvimento mental.

É necessário que comecemos examinar as concepções culturais modernas e pós-modernas e suas influências sobre a vida humana.

A modernidade dirige-se, sobretudo para o primado da Razão, sob a cultura do Iluminismo. Esse primado vai por vezes se tornar excludente do emocional. A psicanálise nasce nessa época pela preocupação de um homem – Freud – e de vários outros de sua época com o bem e o mal-estar da civilização.

A "pós-modernidade" propicia e acentua o individualismo egoísta, eliminando a leitura transcendental da vida. Ela tende a relativizar todos os acontecimentos da história, assim como todos os seus valores afetivos, éticos e morais. Verdadeira era do narcisismo, nela impera a ilusão, a novidade e o efêmero. A inconstância ocasionada pela busca de prazeres imediatos leva a uma opção pelo hedonismo, e não pelo lúdico. A exaltação do corpo isola-se da conquista do espírito e quase o anula. As intenções não se tratam mais de Ser, de Ter, mas de Aparecer, seduzir ou impressionar pela imagem. Essa passagem de posturas em face da vida, ainda que de maneira sintética, resume o processo quando em negativo, que os desenvolvimentos sobretudo os tecnológicos e a mídia submeteram ou conduziram os homens nesses últimos cinquenta anos (proposta apresentada em *Sociedade do Espetáculo* por Guy Debord,1967).

Dos períodos Modernidade e Pós-Modernidade temos ainda que:

– Sob o vértice da mobilidade social houve um crescimento urbano muito rápido, por vezes caótico, com o consequente êxodo do campo e imensas alterações demográficas;

– Houve um profundo desenvolvimento da tecnologia e da informática, que produziu modificações substanciais, sobretudo nos meios de comunicação. Sua intensificação pode trazer malefícios, mas trouxe também muito conforto aos homens em suas necessidades básicas de trabalho e de lazer;

– A política social voltou-se atentamente para a emancipação do trabalhador e para a abolição das diferenças entre as classes sociais;

– A partir principalmente dos anos 1920, a comunicação de massas seguiu em passo firme em um ritmo nunca visto, marcha cada vez mais acelerada que não parou até hoje. Podemos dizer que foram criadas novas vivências internas de tempo e de espaço; e

– Intensificação da angústia: Em face de tantas conquistas, todos os processos pretensamente civilizatórios se aceleraram de forma que possivelmente levaram o homem a se perder e a se confundir na noção de tempo e de espaço internos e subjetivos, o que foi muito relevante para a vida afetiva atual, uma vez que essas noções são básicas na formação das identidades individuais. Levanto a hipótese de que essa alteração acionada por fatos externos e acolhida pelas necessidades de cada homem seja um dos maiores responsáveis pela intensificação da angústia, depressiva ou maníaca, e pela alteração na qualidade das defesas psíquicas e consequentemente na tipologia dos sintomas. Os acontecimentos desse período parecem ter ido além da capacidade psíquica de elaboração e/ou da continência necessária para humanizá-los.

Muitas patologias atuais (drogas, obesidade, jogo, bulimia, anorexia e outras) tomam o rumo oferecido por essa dinâmica social, embora tenham suas raízes na falta de um necessário suporte materno.

Na mídia encontramos representantes diretos da mentalidade e da atmosfera social que nos cerca. Por intermédio dela podemos fazer a leitura do excesso de ilusão vendida ou imposta, como o inumano travestido de humano, a materialização com disfarce de simbólico e de divino ou, ainda, do antiético da barbárie em nome da cultura e do progresso. Prato cheio para o *Princípio do Prazer* impedir o desenvolvimento mental sob a guarda da Realidade.

A questão que se coloca então, ainda carente de uma reflexão de consenso universal, é a seguinte: o que faltou ou falta ao homem, como amálgama entre ele e suas valiosas conquistas materiais, para utilizar-se delas em favor de maior autoestima e conhecimento de si mesmo, e não de uma ideologia da desesperança?

A natureza desse excesso materialista "de vender o produto" (material ou humano) nos levou a quê? A que qualidade de vida afetiva?

De Amor, de Ódio?

Não.

Ela nos levou à indiferença afetiva ou de vazio interior que conduz o homem ao trauma, ao sofrimento e à loucura, pelo caminho dos campos de massacre.

A indiferença afetiva propriamente dita pode ser tanto uma falha estrutural no desenvolvimento das emoções e dos afetos, ocasionada, por exemplo, pela falta profunda de maternagem suficientemente adequada, como também uma defesa dinâmica contra sofrimentos insuportáveis: as duas não são excludentes.

Observamos clinicamente que a indiferença afetiva, quando causada por fatores dinâmicos e não estruturais, é invariavelmente fonte de muita culpa, pois ocasiona e mantém a ambivalência entre amor e ódio. Seus afetos frágeis e inconstantes transparecem apenas como tentativas de reparação oriundas de uma compreensão racional de suas ambivalências e ambiguidades. Uma terceira saída para evitar a culpa e o sofrimento do processo da individuação é manter-se simbioticamente ligado ao Objeto, em moldes narcísicos. Todas essas configurações podem surgir isoladas ou concomitantes, fugazes ou constantes, assim como podem ser mantidas em *claustrums* isolados por cisões mentais. Estes últimos, quando acionados, podem ser tomados como aleatórios pelos olhos do observador-analista. Temos ainda a configuração do que se pode chamar de indiferença racional, que nada mais é que uma vertente da indiferença afetiva. No campo do social ela é facilmente reconhecida e assim categorizo-a como tal. Refiro-me, por exemplo, às explicações pontuais nas quais não há diferenciação entre o privado e o público. Nessas, a indiferença racionalizante será usada diretamente pelo fascínio do poder e do controle – categorias centrais do pensar moderno –, eliminando de suas ações qualquer verniz de cuidado pelo todo da humanidade.

As citadas configurações da indiferença afetiva são defensivas em face de um sofrimento quanto a aceitar as diferenças entre um si mesmo e o outro e o consequente reconhecimento de ambos como tais (por não se tratar do tema desta conversa deixei de lado a indiferença psicopática cuja natureza é de outra ordem).

Em minha experiência clínica, essa situação mental (entre outras) implica também levar o sujeito a não ter ou a se afastar de seus valores éticos/morais de responsabilidade, solidariedade, compaixão e cuidado com seus semelhantes e consigo mesmo. Constitui-se assim a indiferença ética.

Examinando por outro vértice, talvez aquele da eficiência exigida e necessária em nossos tempos modernos, encontramos certo paradoxo. Constatamos que as indiferenças de qualquer natureza propiciam maior agilidade e rapidez para as ações. Sua eficácia, no entanto, é muitas vezes prejudicada pelas características compulsivas/obsessivas e bastante seletivas que as a acompanham. Nas patologias ditas atuais podem estar presentes uma busca de oportunismo egoísta para o qual a eficiência é quase imprescindível. São eliminados os valores éticos e morais que sustentariam a afetividade e a razão dirigidas para as consequências de seus atos. Acompanho-me das ideias de Gabriel Cohn (2004):

> *[...] a responsabilidade como instância da civilização representa, sobretudo, a oposição à indiferença [...] a indiferença é a forma contemporânea da barbárie e, prosseguindo nessa mesma linha, diríamos que alçar o Outro à condição de diferente mas igual é o gesto civilizado por excelência.*

O "trabalho clínico", em face dessas dinâmicas desafetivas, nos leva a fazer várias considerações sobre como nos aproximarmos delas clinicamente: quanto à compreensão de que de nada vale para o paciente ter conhecimento de seus conflitos, via verbalização dos mesmos pelo analista, caso estes conhecimentos forem desprovidos da qualidade emocional original com a qual foi vivido o acontecimento que lhe deu origem. Como conseguir essa junção e poder transmiti-la ao paciente? Autorizo-me a dizer que é usando de nossa própria afetividade, e não somente de nossa razão, que conseguiremos atingir essa junção afetivo-racional para o paciente.

Testemunho por experiência que nosso interesse afetivo pelo paciente e nosso respeito ético por seu sofrimento são as bases para qualquer sucesso analítico.

Certamente não me refiro a ter pena, mas compaixão. Será pela via da compaixão e do respeito ético que chegaremos ao *timming* adequado para nossas intervenções, mapeando o que for possível ou não, de ser ouvido e assimilado pelo paciente.

Ao destacarmos as patologias atuais, olhamos para pessoas nas quais o espaço afetivo é muito restrito e consequentemente o espaço para vivências em dupla. Seus traços narcísicos são facilmente feridos, afastando-os do contato íntimo com o analista. É fundamental que se respeite essa limitação e que não procuremos forçá-la, pois certamente entraríamos em porta errada e sem bater. Em toda e qualquer situação analítica se faz necessário que, antes de qualquer interferência no íntimo do paciente, seja construído um espaço mínimo da confiabilidade. Como fazer então? Anos a fio podem ser levados para se construir esse espaço do qual o paciente é carente: confiança em si mesmo de ser capaz de sofrer e de sentir o desagradável e confiança na qualidade afetiva positiva do analista para com ele. Isso na prática quer dizer que o paciente terá adquirido a noção de que também aquele que não é, ele pode querer o seu bem e agir como tal. Nesse processo de reorganização mental teremos introduzido em seu acervo mental o objeto interno de qualidade bondosa, ainda que muitas vezes diferente daquele que ele concebeu e esperou até então. Penso que essa é também a maneira exitosa de lidarmos com os aspectos persecutórios do paciente, uma vez que estabelecida e ativada a força interna do objeto construtivo, esta o protegerá de ser ferido mortalmente, que no caso mais benigno seria a evasão do tratamento.

Pelo processo vivido sobretudo em nossas análises, temos ideia do que seja o processo de nos humanizar. Processo doloroso, que leva muito tempo para nos sentirmos vivos, isto é, nos sentimos agentes de nós mesmos, não meros joguetes da sorte, seja ela boa ou ruim.

Conduzir uma análise é percorrer o caminho específico do paciente que até então não lhe tinha sido possível, caminho único em sua subjetividade e na maneira objetiva de expressá-la. Para tanto, é necessário que estejamos em sintonia com seus potenciais e aspectos profundos de ser e apresentar-se ao mundo. Penso que essa atitude é a que torna possível e interessante trabalhar com quase todos os pacientes que nos procuram.

12. A vida afetiva na modernidade e na pós-modernidade[1]

Por que esse título? Por que incluir um período da História – Modernidade e Pós-Modernidade –em uma conversa sobre a qualidade da vida afetiva? É que a afetividade não é apenas o fruto espontâneo de nosso psíquico ou de nossos neurônios. Na realidade, o potencial afetivo com o qual cada um de nós nasce tem como pano de fundo de seu desenvolvimento os modelos de vínculo oferecidos pelas interações familiares e sociais. São também frutos dos processos civilizatórios que os precederam. Ninguém nasce humano, torna-se humano.

Iniciarei então nossa conversa trazendo algumas das principais marcas psicossociais que embasam e substanciam o panorama civilizatório no qual vivemos: a Modernidade e a Pós-Modernidade. O que define, caracteriza e diferencia um período cultural do outro são sua filosofia, ideologia e política quanto à arte de viver.

A Modernidade como tempo histórico surge no ocidente a partir do século XVIII e a Pós-Modernidade instala-se lá pelos anos 1960. Como marco inicial deste último, alguns se referem ao livro de Guy

1 Artigo original de 2000.

Debord (1960) no qual o autor cunha o termo *Sociedade do Espetáculo* como retrato afetivo de nossos tempos.

Modernidade

Seus apelos e discursos foram dirigidos para a importância do significado da História, apontando como caminho para o homem a liberdade de espírito e a supremacia da Razão marcada sobretudo pela filosofia do Positivismo e a cultura do Iluminismo. Os ideais da Modernidade incluem a primazia da ciência e da técnica, a noção de Progresso ainda que de maneira indefinida e a criação de espaço afetivo das institucionalizações e das organizações empresariais. Em *lato sensu* há um ideal de unidade e de universalidade para a História sob a primazia da Razão.

Na compreensão da Modernidade deve-se destacar a importância do movimento da Revolução Francesa, que apresentou como lema "a liberdade, a igualdade e a fraternidade" ao mesmo tempo que declarava que "todos os homens nascem livres e com direitos iguais".

Com a influência principalmente das ideias filosóficas e ideológicas de Hegel e de Marx – acrescentando-se a estas o acontecimento da Revolução Industrial –, a política social desse tempo voltou-se atentamente para a emancipação do trabalhador e para a abolição das diferenças entre as classes sociais. Sob o vértice da mobilidade social temos um crescimento urbano muito rápido, por vezes caótico, com o consequente êxodo do campo e imensas alterações demográficas. Os Estados-Nações vão se tornando cada vez mais poderosos. Os movimentos grupais de indivíduos e de povos se intensificam e se fazem ouvir.

A cultura da modernidade dos séculos XIX e XX começou bela e romântica com a alegria e o otimismo da *Belle Époque*, com seus pintores impressionistas e futuristas, com nossos músicos e pintores tão ricos em suas genialidades que pareciam ter captado a estética de gosto universal. A intensificação do desenvolvimento tecnológico trouxe também muito conforto aos homens em suas necessidades básicas de trabalho e de lazer. Os fogões, os liquidificadores e as maquininhas preencheram os espaços de nossas cozinhas, os rádios e as televisões os de nossas salas. O cinema falado nos fez sair de casa e trouxe assunto para conversas, algo tão importante para a saúde mental da comunidade. A partir sobretudo dos anos 1920 a comunicação de massas seguiu em passo firme para um ritmo nunca existido, marcha cada vez mais acelerada, levando a novas vivências internas de tempo e de espaço que não pararam de acontecer até hoje. Geram violência, extravasando o mal-estar.

A psicanálise acontece no final do século XIX, início do século XX, nascendo da preocupação de um homem – Freud – e de outros vários de sua época – com o bem e o mal-estar da civilização, dirigindo-se sobretudo para a qualidade da vida afetiva-emocional vigente.

Pós-modernidade

Em linhas gerais, no que consiste sua concepção de mundo e da vida humana?

O pós-modernismo acentua o individualismo egoísta, eliminando a leitura transcendental. Ele tende a "relativizar" todos os acontecimentos da História assim como todos os seus valores, morais e éticos. Verdadeira era do narcisismo, nele impera a ilusão, a novidade e o efêmero. A inconstância ocasionada pela busca de prazeres imediatos leva a uma opção pelo hedonismo, e não pelo lúdico. A exaltação do corpo isola-se da conquista do espírito e quase o anula. As intenções não se tratam mais de Ser, nem mesmo de Ter, mas de aparecer, seduzir ou impressionar pela imagem. Essa passagem de posturas em face da vida, de maneira sintética, resume o processo que os desenvolvimentos, sobretudo tecnológicos e a mídia, submeteram ou conduziram os homens nesses últimos cinquenta anos. Proposta apresentada em *Sociedade do Espetáculo* por Guy Debord (1997).

Em face de tantas conquistas, todos os processos pretendidamente civilizatórios se aceleraram trazendo alterações profundas. Possivelmente levaram o homem a perder-se e confundir-se na noção de tempo e de espaço internos e subjetivos. Noções muito relevantes para a vida afetiva desde que são básicas para a formação das identidades individuais. Levanto a hipótese que essas alterações acionadas por fatos externos e acolhida pelas necessidades de cada homem sejam uma das maiores responsáveis pela intensificação da angústia, seja ela depressiva ou maníaca.

O desenvolvimento e a qualidade da vida afetiva vigentes

A civilização se baseia na renúncia dos desejos meramente pulsionais ao mesmo tempo que, quando elaborados, facilitam a detecção de suas necessidades. E quando possível na adequação da distribuição justa dos recursos disponíveis criados pelo homem e daqueles que a natureza proporciona. Esta oferece para os animais uma programação "pronta" a ser realizada no decurso de suas vidas. Ao homem, a natureza oferece potenciais que deverão ser constituídos e desenvolvidos por ele no seio de seus semelhantes. Ele nasce "inacabado" quanto à busca de direção e de significado de sua vida nesta viagem que fazemos.

A vida psíquica incipiente do homem ao nascer, assim como seu desenvolvimento, são inacabáveis durante toda sua vida. Essa qualidade lhe oferece, por um lado, talvez como prêmio, a satisfação consistente e consciente de coparticipar na conquista de sua sobrevivência e de seu desenvolvimento. Concomitantemente, os ônus dessa coparticipação, algo tão complexo como o constituir de sua consciência, de sua inteligência, de seu auto e hétero respeito, repletos de paradoxos, dúvidas, ambivalências, frustrações e limitações. Esses aspectos de fragilidade e impotência são ao mesmo tempo estímulos para enfrentar o desafio e a arte de viver.

Certamente, as intensas modificações ocorridas desde a época da Revolução Industrial exigiram do homem grandes expansões e adaptações, transformando suas interações afetivas e seu estilo de vida. Essas rápidas mudanças de mentalidade do homem nos mostram a plasticidade e a vulnerabilidade do seu funcionamento mental – sua força e sua fraqueza. As descobertas da ciência moderna, a informática e a mídia poderão ser utilizadas para minorar o sofrimento humano, assim como poderão, também, eliminar o potencial superior do homem e tratá-lo apenas como máquina. De meu ponto de vista, a tendência das descobertas atuais é de se transformarem cada vez mais antitranscendentais e assim eliminarem a política e a força humanizantes, desde que estas são construídas antes pela "inteligência do espírito" do que pela "inteligência do corpo". Já se percebe que este século XXI irá exigir do homem muita capacidade de revitalização transformadora e adaptativa para não sucumbir à confusão de seus valores morais e éticos, ao culto do estresse e à tirania da urgência. O que torna mais complexa e grave essa situação é o fato de que muitas vezes essas imposições sofridas pelo homem são as necessárias para a sua sobrevivência.

Alguns fatores influentes na modificação e na constituição da vida afetiva.

Fatores externos: a internet e a mídia

É fato que talvez nunca se teve uma gama tão grande de informações sobre a pluralidade de culturas cujos valores foram revelados pela globalização. Talvez o excesso dessa multiplicidade de convicções, crenças e hábitos culturais que agora se intercruzam pela informática e pela mídia, afastados do nexo de suas fontes éticas, seja um dos principais fatores pelo qual perdemos nossa bússola de conduta para a aproximação de nós mesmos e de nossos pares na navegação terrestre. Somos informados das vidas as mais distantes territorialmente, mas não as compreendemos em suas necessidades.

A Mídia informa e pode ser um espaço verdadeiro de comunicação entre os homens. É útil quando usada sob a regência da realidade. Todavia, ela também se vale do espaço potencial das possibilidades do homem para impingir-lhe apenas o virtual, mascarando este como real. Sua eficácia é grande sobretudo junto a potenciais de desejos e de necessidades ainda sob o domínio do princípio do prazer, sem a devida discriminação advinda do princípio da Realidade. Por exemplo, a Mídia substitui o espaço mental pelo fenômeno da Ilusão, a fim de enganar o Homem e levá-lo a iludir a si mesmo. Estabelece o comércio virtual para vender seus produtos e, mais terrivelmente, para ter um controle hegemônico de Poder, com a promessa de realização de todas as ambições. Acreditando nessas promessas, na maioria das vezes mirabolantes, o homem perde o viço do desejo e dos custosos esforços exigidos pelo seu desenvolvimento pessoal, desencanta-se em face de si mesmo "que não consegue realizar facilmente" o que a Mídia exige e promete, e então modifica seus valores por não os considerar tão poderosos e eficazes como demonstra a Mídia. Com seus engodos de poder onipotentes a mídia conduz, ao final, à cultura da desesperança, antítese do que ela apresenta inicialmente, a ilusão travestida de esperança real. Os mesmos processos mentais são encontrados junto às drogas, ao álcool, aos jogos, ao fanatismo religioso, tudo aquilo enfim que oferecer um placebo ao sofrimento das limitações e das frustrações.

Fatores internos: a indiferença afetiva, uma defesa

Quando o homem não amadurece, ele permanece escravo da organização de sua mente infantil regida pela leitura onipotente dos fatos. A estrutura e a dinâmica de sua mente permanecem de qualidade concreta nas quais não há lugar para o pensamento simbólico, levando-o a uma limitação de seu contato com a realidade interna e externa. Consequentemente, fica à mercê de seus desejos imediatos (pulsões), das ilusões, das falsas promessas, do controle dos mais sabidos e do fascínio pelo Poder. Seus aspectos de real poder desde aquele que lhe foi reservado pela natureza, o da inteligência e do contato consigo e com o outro, ficam impedidos pela parca conquista de desenvolvimento afetivo-emocional-intelectual.

Quanto mais se intensifica a imposição ao Homem de "valer por suas aparências", mais ele se afasta de si mesmo e de seu desenvolvimento, buscando cada vez mais roupagens que escondam suas limitações, dificuldades e sofrimentos. "Suicídio não é feio, está na moda, o desespero de sofrimento, sim". Ora, "quem" traz desespero e culpa é a ambivalência não elaborada entre ódio e amor, a condição de vivê-los e não poder senti-los e a falta de um ombro amigo para experimentá-los. Logo, haveria defesa mais eficaz para esses fatos do que "a indiferença afetiva", na qual as cordas do coração já não tangeriam mais? Essa conversa é longa, mas registro meu ponto de vista de que a grande violência de nossos tempos não é aquela gerada pelo ódio, mas aquela derivada da indiferença afetiva. Os assassinatos, as guerras, o desrespeito às culturas e à qualidade de vida dos miseráveis, todas essas perversões advêm da indiferença afetiva ao sofrimento próprio e ao alheio. A humanização permanece desse modo sob a regência de estados de alucinação/ilusão. Aproveitando-se desse estado de mente, as mensagens da Mídia se instalam e crescem mesmo quando mentirosas.

O significado afetivo dos valores morais e éticos: qual o Valor dos valores?

Avalia-se que nosso tempo atual passa por uma crise de valores e consequentemente de ideais do espírito. De que natureza? Provavelmente, a "indiferença" afetiva que cada vez mais se propaga entre os homens levou-os também a uma indiferença ética, seja entre seus pares, seja nos conflitos mundiais entre povos.

Em nossos encontros clínicos, encontramos em alguns de nossos pacientes antes uma falta de autenticidade e de significado de seus ideais e valores morais, do que a "ausência" da instalação dos mesmos em seus "corpos mentais". Dessa maneira, existe angústia e confusão quanto ao manejo e direção possível desses valores pela incapacidade de atingir seus significados verdadeiros. E é de se notar que as pessoas que procuram a psicanálise são aquelas que ainda são sensíveis a seus conflitos, muito embora seja crescente o fato de encontrarmos em nossos pacientes a tendência universal de "*mindlessness*" (falta de mente) ou de concretude mental, como resultante da impossibilidade de pensar-se a si mesmo e consequentemente para a conquista de significados dos valores – afetivos, éticos e morais – a que tiver acesso.

O significado dos valores e ideais que constituem nosso Eu são "mutáveis" seja pelas transformações que ocorrem em nossas vidas seja pelas influências culturais que sofremos, devendo por isso ser continuamente reavaliados. É no âmbito dessa atualização que parece estar a crise e o conflito dos valores, levando a um colapso da identidade em nossos tempos. Não se trata unicamente de valores morais ou religiosos, mas também dos valores leigos relativos à ciência, ao progresso, à emancipação dos povos, aos ideais humanísticos e de solidariedade com o próximo. Também a possibilidade de os hierarquizar parece perdida para o homem, condição que lhe traria força e disciplina para construir-se e imprimir uma nova direção ao seu processo de humanização. Materializá-los, esvaziá-los, achatando-os de significado para que tudo se equivalha, tem sido uma saída encontrada para lidar com a confusa complexidade de seus valores. Contudo, esse processo de defesas leva o homem a alienar-se de seu espírito e de sua mente, não tendo assim condições para realizar a tarefa de seu desenvolvimento. Estaria aí o atual eclipse da inteligência do homem, nessa desativação e banalização de suas marcas específicas – capacidade de criar, de categorizar valores, de pensar, de comandar e de solidarizar-se – as quais dariam abrigo aos seus conflitos humanos? Envolvido e encantado pelo efêmero, o homem parece distanciar-se desses seus profundos potenciais que o diferenciam como ser vivo pensante.

Às vezes tem-se a impressão que a pós-modernidade valoriza o caos. Neste, não há conflitos. O caos "é" a materialização do conflito valorativo, materialização que, como tal, facilita aos conflitos serem negados e/ou disfarçados.

A questão então que se coloca, ainda carente de uma reflexão de consenso universal, é a seguinte: o que faltou ou falta ao homem como amálgama entre ele e suas valiosas conquistas materiais, para utilizar-se delas em favor de maior autoestima e conhecimento de si mesmo, e não a uma ideologia da desesperança?

Faço parceria com André Green quando diz:

> *não estou de acordo com aqueles que dizem "isto sempre existiu". As conquistas dos homens talvez nunca tenham sido tão preciosas e numerosas, mas o certo é que nunca foram tratadas com tamanha indiferença ética-afetiva, sejam elas científicas, culturais ou sociais.*

Continuando a pensar: as questões da vida cotidiana

Categorizando de maneira bastante sintética o processo que os desenvolvimentos sobretudo tecnológicos submeteram ou conduziram o homem nestes últimos cinquenta anos, diríamos que ele passou e viveu da significação do Ser a fazer a aparecer (aparências ilusórias).

Primeiramente, a Revolução Industrial ocasionou a busca de identidade baseada em uma "sociedade de consumo", na qual, por exemplo, o artista e/ou o artesão se vê em face de uma multiplicidade homogênea e pasteurizante (industrialização) daquilo que antes criava como singular e único. Perde-se assim o lugar de suas mãos de artesão/criador insubstituível. O poder se vê ligado ao "ter cada vez mais", ainda que não seja conhecida a real causa para tanto e este processo se dê apenas em plano ilusório.

É possível agora vender o ilusório, o virtual. É possível agora comprar o controle das mentes vendendo-lhes uma identidade com base nos modelos "dos mais compráveis" que levem a ter mais poder, a controlar mais, segundo seus desejos mais primitivos e obnubilar mais o sofrimento humano advindo de suas limitações e frustrações.

De maneira bastante reduzida e sintética, irei categorizar esses fenômenos de desativação do humano no decorrer de seu processo civilizatório em:

Desativação do pensamento criativo e da flexibilidade mental

Acontece quando o homem se vê possuidor de grandes, médias ou pequenas máquinas, julgando-se por isso isento de sua necessidade de pensar e/ou de sentir. Ele passa a fazer uso de produtos prontos que, muito facilmente, camuflam sua impotência ou sua burrice emocional. Essas máquinas podem ir desde bombas atômicas até simples maquininhas de brinquedo. O nocivo é quando o homem desavisado se confunde com essas maquininhas acreditando-se onipotente, onisciente e onipresente; completo, perfeito, potente e invulnerável como "as máquinas com mil anos de garantia e pagamento em longuíssimo prazo". A complexidade do tempo/espaço e da realidade é assim substituída pela onipotência e simplificação que a máquina lhe empresta. Charles Chaplin em seu filme *Tempos Modernos*, de 1936, retrata magnificamente essa situação.

Desativação do Homo faber *criativo*

Paralelamente, assistimos a uma desativação do "*Homo faber* criativo", isto é, daquele que é capaz apenas da ação prática para efetivar suas necessidades e desejos. A vida cotidiana está cheia desses exemplos: sabe-se onde comprar o peixe, mas não se sabe mais onde e como pescá-lo. Pode-se ter pernas para três horas de fitness na academia de ginástica, almejando a perda do colesterol, mas não se sabe mais usufruir um passeio à pé pelo bairro, pela água ou pelas pedras, quando tiver vontade de colher uma rosa ou encontrar um amigo.

Desativação da noção dos valores afetivos, éticos e morais/sociedade dos espertos e do espetáculo

A questão que se impõe dentro desse contexto é a seguinte: o que permanecerá na mente como modelo afetivo emocional e qual será sua consequência para a criança e para o adulto nesta nossa era do descartável, "do usa e joga fora" ou do "substitua o seu por um melhor que acabou de aparecer no mercado...?". Esses passaram a ser modelos também para a vida afetiva relacional, "estou muito ocupado, pedirei à secretária para comprar o presente para minha esposa".

A tecnologia, ao nos proporcionar melhores condições de vida, nos trouxe ao mesmo tempo, uma ilusão de termos agora instrumentos poderosos para lidar com a impotência/limitação emocional e afetiva natural ao homem; este para amadurecer tem que passar por confrontos de natureza afetivo-emocional que não podem ser substituídos linearmente pelo que lhe favorece a tecnologia. Quantas mães e crianças, em nome de uma pretensa melhor técnica, não têm sido privadas de conhecer o ato natural de dar à luz, por exemplo?

Desativação do uso do bom senso em sua vida cotidiana

Embora esse fator esteja interligado a quase todos os demais fatores citados, cabe a ele um certo destaque. A perda do senso de realidade liga-se tanto a contextos da vida individual como àqueles ligados ao político-social. No plano individual, talvez o fator mais proeminente da perda do bom senso e de realidade seja aquele no qual o homem desliga-se das próprias pulsões e razão, nutrindo com isso um desrespeito a si mesmo ao camuflar sua ignorância e afastar-se da ânsia de saber, deixando-se levar pelo apelo da mídia, por meio de caricaturas de culturas e estereótipos de desenvolvimento, assim como de arremedos de afetividade. No plano político estão os projetos (os armamentos, as obras faraônicas, as estratégias insensíveis) que muitas vezes sofrem de um uso irreal, reducionista, para unicamente exibir uma tecnologia considerada como instrumento de poder para a Nação.

Desativação ou descompasso do curso de desenvolvimento natural do homem

O descompasso do curso natural de vida, imposto aos viventes, expressa-se sob vários vértices de ações antiéticas de desrespeito ao individual e de descaso às necessidades etárias. Assistimos ao violento excesso de informações que chegam às crianças e aos adolescentes, a dispensa do sênior por desatualização não levando em conta sua experiência e, por fim, a substituição da vida e do elo humano pelo elo-máquina. O mesmo desrespeito encontra-se na confusão entre público e privado, como na matança de civis, nas corrupções, na invasão da vida alheia (os *hackers*, por exemplo) etc. Essa situação de barbárie pode ser encontrada na pressão e no bombardeio de exigências que ultrapassam a condição normal para a absorção de estímulos. Essas mesmas exigências de respeito à realidade individual desorganizam pessoas ainda que com qualidade de organização/integração afetiva-emocional.

Movida pelo poder de outros interesses que não aqueles da sobrevivência universal, a barbárie instala-se pelo seu fascínio de poder soberano e hegemônico. Exemplo disso são os conflitos entre povos que nem ao menos conhecem e respeitam as almas e as culturas com as quais estão em conflito. A matança de civis, o desrespeito às crenças e às tradições, o bombardeio aleatório de valores culturais, falam dessas mentalidades insensíveis.

Sou pessoalmente otimista, mas atenta à realidade. Todos nós já tivemos a oportunidade de observar e registrar situações na quais alguns cortam o caminho, chegando mais rápido ao seu objetivo. Essa conduta pertence tanto àqueles que sabem da arte de viver, e por isso encontram maior lucidez e leveza para vivê-la, como àqueles que se movimentam organizados pelo que a psicanálise chama de "atuação"; isto é, o agir sem pensamento no qual pulsão e ato se confundem. A tecnologia pode favorecer aos dois tipos de usuários dessa conduta na qual o caminho da vida for menos complicado.

Observando os movimentos sociais organizados de "boa vontade" para harmonia dos povos e pela manutenção de nossa civilização, percebe-se que muitas vezes as "causas" profundas são pouco conhecidas e pouco difundidas, caindo estes mesmos movimentos sociais nas ciladas da sociedade de consumo ou do Espetáculo. Sejam esses movimentos pela paz, erradicação da pobreza e dos excluídos, movimentos de ajuda às vítimas de catástrofes ambientais, movimentos pró-educação e saúde etc., muitas vezes acontecem (para ter sucesso) com grande pompa inaugural, nos quais personalidades criadas pelo ditar da mídia são a atração principal. Um cheiro forte de interesses escusos percorre esses espetáculos de amor falso, imposto ou negociado. Que fazer? Surge a resposta – o mundo é assim...

Tomando a mídia como representativa direta da mentalidade e da atmosfera social que nos cerca, podemos fazer a leitura do excesso de ilusão vendida ou imposta, como o inumano travestido de humano, a materialização com disfarces de simbólico e de divino ou, ainda, o antiético da barbárie em nome da cultura e do progresso. A natureza desse excesso "em vender o produto" (material ou humano) nos leva a quê? A qual qualidade de vida afetiva?

Excesso de amor?

Excesso de ódio?

Não. Excesso de indiferença afetiva ou vazio interior. A indiferença afetiva que leva o homem ao trauma e à loucura, pelo mesmo caminho dos campos de concentração. Como diz Primo Levy (1988, p. 15) em *E isto é um homem*:

> *E lá (em Cárpi) recebemos as primeiras pancadas, o que foi tão novo e absurdo que não chegamos a sentir dor, nem no corpo nem na alma. Apenas um profundo assombro: como é que, sem raiva, pode-se bater numa criatura humana?*

A propaganda feita por Hitler foi talvez dos primeiros marcos de como a mídia pode alterar a capacidade humana de sentir e raciocinar, favorecendo a indiferença afetiva. Para Freud, é o excesso que causa o trauma psíquico pois faz a mente perder a qualidade de ligação, não podendo mais acionar suas condições naturais de funcionamento. Esse mesmo excesso traumatizante não leva o homem a ser possuidor ou autor de algo, mas o leva a ser aquele que apenas consome, come e defeca como o predador, impedido que está de metabolizar e de simbolizar os estímulos que recebe. Muitas das psicopatologias contemporâneas (drogas, obesidade, jogo, bulimia e anorexia), que apesar de algumas vezes terem suas raízes na falta de um necessário suporte "materno" que lhes empreste significado, tomam o rumo oferecido por essa dinâmica psicossocial antiética.

Indiferença afetiva – suas expressões na realidade externa

Diz Feuerbach:

> *E sem dúvida o nosso tempo [...] prefere a imagem à coisa, a cópia ao original, a representação à realidade, a aparência ao ser [...] Ele considera que a ilusão é sagrada e a verdade é profana. E mais: a seus olhos o sagrado aumenta à medida que a verdade decresce e a ilusão cresce, a tal ponto que, para ele, o cúmulo da ilusão fica sendo o cúmulo do sagrado. (Feuerbach, 1988, prefácio da segunda edição de A essência do cristianismo)*

Esses pensamentos de Feuerbach (1841) foram desenvolvidos por Guy Debord, "doutor em nada", como se definia ele, em *Sociedade do Espetáculo* (1997). São tão valiosos e atuais seus pensamentos que os seleciono reproduzindo-os integralmente:

> *A primeira fase da dominação da economia sobre a vida social acarretou, no modo de definir toda realização humana, uma evidente degradação do ser para o ter. A fase atual, em que a vida social está totalmente tomada pelos resultados acumulados da economia, leva a um deslizamento generalizado do ter para o parecer, do qual todo "ter" efetivo deve extrair seu prestígio imediato e sua função última. Ao mesmo tempo, toda realidade individual tornou-se social, diretamente da força social, moldada por ela. Só lhe é permitido aparecer naquilo que ela não é. (Debord, 1997, p. 18)*
>
> *Toda a vida das sociedades nas quais reinam as modernas condições de produção se apresenta como uma imensa*

> *acumulação de espetáculos. Tudo o que era vivido diretamente tornou-se uma representação. (Debord, 1997, p. 13)*
>
> *O espetáculo não é um conjunto de imagens, mas uma relação social entre pessoas mediada por imagens. (Debord, 1997, p. 14)*
>
> *No mundo realmente invertido, a verdade é um momento do que é falso. (Debord, 1997, p. 16)*
>
> *...assim, o homem vê-se cada vez mais separado de seu mundo. Quanto mais sua vida se torna produto, tanto mais ele se separa da vida. (Debord, 1997, p. 25)*

Para alguns ou muitos – pobres, ricos, brancos, negros ou amarelos, infelizmente, é este o palco, desprovido de carne e de sentimentos significativos que a vida contemporânea tende cada vez mais a lhes oferecer. O palco social é construído sobre um estrado/tablado de "indiferença afetiva" e violento, pois interdita o homem de alimentar-se das bases constituintes do desenvolvimento de seus potenciais humanos pelos quais ele se tornaria um animal diferenciado.

E a esperança, onde fica?

Sapere aude... Como um oásis desse deserto, temos um outro lado das transformações modernas e pós-modernas. Em todas as revoluções há rupturas que se bem reorganizadas poderão trazer novos sopros de ar para aquilo que foi modificado ou deixado de lado, dando-lhes nova vida. É nesse sentido que nossa era atual parece trazer uma ampliação da mobilidade social, uma maior liberdade individual, um desejo e luta por modificações estruturais das Sociedades injustas e, ainda que em guetos, uma tentativa de se reaproximar da natureza física e psíquica originais.

13. O fascínio do poder[1]

Poder: substantivo ou verbo?

A civilização se baseia na renúncia dos desejos pulsionais, para que, organizados, possam prestar-se ao coletivo, ao social, na descoberta de suas necessidades e na adequação da distribuição justa dos recursos disponíveis que a natureza oferece. Se por um lado a civilização nos protege, por outro, ofende e fere nossos movimentos narcisistas. O homem se rebela contra ela assim como às intempéries, as quais são soberanas em seu poder, fazendo-o então sentir-se rebaixado.

O poder pode ser visto como uma das faculdades da alma humana, fator presente e diferenciado nas psicodinâmicas das intra e intersubjetividades. Pode ser também estudado como um substantivo, isto é, o poder politicamente institucionalizado. Este é aquele que se comunica e se exerce por intermédio de uma autoridade representativa ou não. Antes dos gregos vigorava o poder despótico ou patriarcal. O detentor da autoridade possuía poder supremo inquestionável para decidir quanto ao permitido e ao proibido (a lei exprimia a vontade pessoal do chefe, para estabelecer os vínculos do sagrado, isto é, com

1 Publicado na *Revista Brasileira de Psicanálise*, 9(3), 2005.

os deuses dos antepassados, para decidir quanto à guerra e à paz). Havia ainda o poder hereditário que era transmitido ao primogênito do rei ou, na falta deste, a um membro da família real.

Com a passagem do tempo, os gregos e sobretudo os romanos instituíram o poder político desfazendo as características da autoridade do poder até então estabelecidas, de modo a impedir a concentração dos poderes da autoridade nas mãos de um só rei, senhor da terra, da justiça e das armas, representante da divindade. Dentre os fatores dessa nova forma "democrática" de exercício de poder, destaco a separação entre a autoridade pessoal privada e a pública, impedindo com isso a identificação do poder político com a pessoa do governante. Este passa a ser então um governante que exerce seu poder sustentado e autorizado por eleições entre os cidadãos. O poder político não mais despótico introduz a prática da transparência/publicidade, isto é, a exigência de que a sociedade conheça as deliberações e participe das tomadas de decisão. A política, na sua dimensão racionalizante (Princípio da Realidade), alcança um nível de civilização, mediante a interação e a comunicação de poder, substituindo assim o espectro da barbárie (Princípio do Prazer). Na atualidade, a passagem do Princípio do Prazer para o Princípio da Realidade tem sido bloqueada pelos detentores do poder.

A psicanálise em sua clínica pode favorecer uma leitura isenta de valores do que seja o poder, sejam eles éticos, morais ou sociais, e assim, sem racionalizações ou desvios advindos da avidez onipotente (pulsões), que cobiça a onipotência a qualquer custo. Na prática da psicanálise clínica, essa isenção de valores sustenta seu trabalho. A onipotência, por sua vez, sustentaria uma inteligência cega – responsável pela desumanização do Homem. É no contexto do pensamento rígido, onipotente, que queremos focalizar o nosso tema de hoje: o fascínio do poder.

Atingindo o desenvolvimento da consciência de si mesmo assim como de sua racionalidade, o Homem poderá olhar para dentro de si, procurando aí o esteio de sua humanização, assim como poderá discriminar seus limites e possibilidades de poder relativos tanto à sua condição individual de ser no mundo quanto ao tipo de uso que fará das "ofertas de bem-estar material" que lhe forem oferecidas. Os conhecimentos advindos da psicanálise, tanto clínica quanto teórica, puderam contribuir para uma nova leitura do destino do potencial de vida do ser humano ou do destino do que seja a potência de se estar vivo. Refiro-me às descobertas/ conhecimentos fundamentais de Freud, inconsciente e sexualidade.

As condições necessárias para um processo de humanização capaz de sustentar o equilíbrio emocional, base para novas aberturas e expansões do Homem, podem, sem dúvida, serem pensadas e refletidas a partir da noção do poder como um grito primordial da existência. Junto à constituição e aquisição do poder individual, estarão envolvidos conflitos psíquicos. Estes, na maioria das vezes, relacionados ao fascínio pelo poder e à busca de refúgio no automatismo e na alienação, os quais se refletem diretamente nas questões da autonomia, autoestima e participação social. Na encruzilhada do conflito humano entre construtividade e destrutividade encontraremos os vários usos que o Homem fará de seu poder individual ou social.

O desenvolvimento do saber psicanalítico após Freud deu-se na direção de conceber os fenômenos e o funcionamento mental a partir da interação entre duas subjetividades. Não é mais possível conceber uma psicanálise, teórica ou clínica, que não seja a partir da intersubjetividade. Essa concepção não está restrita à psicanálise, mas é presente em todas as áreas do Saber. No dizer de Bion, observador e o observado, continente e contido, interagem formando novas configurações, intercambiam-se, fazendo surgir aquilo que Thomas Ogden nomeou de "terceiro analítico". Haverá maior poder-potência para o ser humano do que esse? De fazer surgir de uma interação, a cada momento, algo novo e singular?

Nascimento do poder pela intersubjetividade

Como nasce e se desenvolve esse poder-potência do homem?

A vida psíquica assim como a biológica só pode vir de outra vida. Nossos contornos, definições e nossos próprios selfs são adquiridos em relação à imagem interna e externa que captamos por intermédio do outro, ora a dele, ora a nossa. Dessa maneira, o poder de sentir-se vivo é constituído unicamente na presença de um outro ser vivo, ao percorrer e realizar na experiência emocional a dois, os fatores estruturais e estruturantes da vida mental: pulsões, fantasias, emoções, sentimentos e pensamentos. Ninguém é uma ilha.

Seguindo os conceitos de Winnicott, o bebê "numa primeira mamada teórica" está pronto para encontrar algo em algum lugar, mas sem saber o quê. A mãe torna possível ao bebê ter a ilusão de que o seio, e aquilo que o seio significa, foram criados pelo impulso originado da sua necessidade. Obviamente sabemos que aquilo que o bebê criou não foi aquilo que a mãe forneceu. Proponho como vetor das minhas reflexões teóricas, que desse primeiro encontro da mãe com o bebê, desabrocha a condição e a possibilidade nuclear da "vontade de poder" – impulso constante e irrefreável, tomado como um paradigma de sentir-se vivo, conforme a antropologia filosófica de Nietzsche.

Dessa situação inicial e dos encontros posteriores, a vida mental do bebê terá dois padrões de relacionamentos conforme a análise apresentada por Winnicott:

> *[...] De um lado estará a vida privada do bebê na qual os relacionamentos têm por base a sua capacidade de criar mais do que a memória dos contatos anteriores e, de outro lado, estará um falso self que se desenvolve sobre uma base de submissão e se relaciona de forma passiva com as exigências da realidade externa [...] Este bebê que mama de um modo inteiramente passivo nunca poderá criar o mundo, e portanto não será capaz de construir relacionamentos externos, nem terá futuro como indivíduo. A exploração desse falso self*

> *complacente ou submisso não pode levar a um bom resultado. O self verdadeiro pode se tornar visível unicamente através de um alimento recusado [...]. (Natureza Humana, 1954, p. 128)*

Winnicott nos chama a atenção de que, nos níveis menos elevados de falso self, existem uma certa percepção e sentimento de futilidade relativos à vida falsa que o si mesmo é submetido, e uma busca incessante: "[...] daquela outra vida que seria sentida como real, mesmo que levasse à morte, por exemplo, através da inanição [...]". Winnicott insiste nos dizendo que: "[...] No grau extremo de cisão entre verdadeiros e falsos self a criança não tem qualquer razão para viver [...]" (Natureza Humana, 1954, p. 129). Poderíamos ver esse sentimento de desvalia como expressão da perda total do poder de viver e em cujas entranhas nasceria, sem dúvida, o fascínio pela aquisição do poder material e externo? Na verdade, o que Winnicott coloca nessa análise, quanto aos dois tipos de relacionamentos, falso e verdadeiro self, é quando o falso self tem por demais força, os impulsos, a espontaneidade e os sentimentos que parecem reais (verdadeiros), encontram-se confinados no interior de um relacionamento que em seu grau extremo permanece incomunicável. Por outro lado, a outra metade da personalidade cindida, o falso self submisso, está ali à vista de todos e é fácil de ser dominado.

Existe ou não essa criatividade primária, expressão máxima do poder de estar vivo? Encontramos na força da phantasia inconsciente uma das expressões dessa onipotência incessante de sermos os criadores do mundo. É nessa questão que nos deparamos com a figuração substancializada do poder, desde que por meio dela tudo podemos criar e "fazer": a vida ou a morte, a construção ou a destruição, a bondade ou a maldade. Segundo Winnicott, gradualmente surge uma compreensão intelectual do fato de que a existência do mundo é anterior à do indivíduo, mas o sentimento de que o mundo foi criado pessoalmente não desaparece (Natureza Humana, p. 131).

O entendimento do poder da phantasia levou a uma maior compreensão da função simbólica, sendo que, por meio dela, pudemos diferenciar quando uma fantasia acontece no nível da equação simbólica (Segal, 1952, 1957) e quando permite prosseguir no desenvolvimento intelectual, chegando à compreensão do simbolizar. No primeiro caso, temos a phantasia coisificada no objeto (figuração do conceito de fetiche), e no segundo, a phantasia pode aliar-se à aquisição da noção de realidade do real. O fascínio do poder relaciona-se à ordem do fetiche como substituto do poder pulsional de vida enquanto a criatividade e a simbolização relacionam-se à capacidade subjetiva de sentir-se portador da vida.

Penso que a grande contribuição diferencial dos saberes psicanalíticos encontra-se em suas descobertas dos mecanismos mentais envolvidos na interação humana da qual nasce nova vida. Dentre os mecanismos fundamentais da psicanálise, destaco o da identificação projetiva (Klein, 1946). A noção desse mecanismo está ligada tanto à estrutura do mundo no qual vive o ser humano quanto à estrutura da personalidade que vive neste mundo (Meltzer, 1984). Está assim ligada ao contrato e ao pacto social civilizatório. O conceito de identificação projetiva afirma a concretude dessa phantasia ao não diferenciar entre aquilo que é interno e externo. A essa clivagem da mente o conceito de identificação projetiva acrescenta uma clivagem suplementar indicando que existem dois outros tipos de mundo: um, no interior dos objetos internos do indivíduo, outro, no interior de seus objetos externos. Esses quatro tipos de mundos deveriam, então, ser diferenciados entre si, naquilo que concerne a suas estruturas e a suas leis de funcionamento, sempre que quisermos compreender as complexidades do uso do poder assim como de sua psicopatologia. Nesse mesmo âmbito de conhecimento do poder, encontram-se também as grandes contribuições de Wilfred Bion. Esse autor sinaliza a identificação projetiva tanto como um instrumento empático para a comunicação, compreensão e entendimento entre os pares, assim como a identificação projetiva em seu uso de anticomunicação. A identificação projetiva, apesar do conhecimento incompleto do que se tem dela, é o instrumento máximo da intuição, da empatia, da persuasão, da sedução, do ataque, do acolhimento, enfim, de tudo aquilo que acontece quando a imantação humana se realiza. Poderíamos concluir que toda e qualquer administração do self instrumentalizar-se-á desse mecanismo de identificação projetiva naquilo que diz respeito à constituição de si mesmo e do outro, seja na sua condição de mando (poder), seja no seu imperativo de submissão.

14. O afeto vincular primário como fundante psíquico da noção de valor

Nascimento e aquisição da noção de valor e o uso da indiferença afetiva como defesa[1]

A impotência original do ser humano torna-se a fonte primeira de todos os motivos morais.

(Freud, 1895 [1952])

É realmente assombroso que o inconsciente de um homem possa reagir ao inconsciente de outro homem, contornando o consciente.

(Freud, 1915)

A marca de desamparo e de uma natureza inacabada que o homem tem ao nascer lhe oferece, por um lado, talvez como recompensa, a satisfação de coparticipar na conquista de sua sobrevivência e de seu desenvolvimento, e, por outro, o ônus dessa coparticipação, isto é, compartilhar de algo tão complexo como o constituir de sua consciência, de sua inteligência, de seu auto e hétero respeito, repletos de paradoxos, dúvidas, ambivalências, frustrações e limitações. Esses aspectos, que fazem parte tanto de sua força como de sua fragilidade e impotência, são ao mesmo tempo os estímulos

1 Publicado em *Reflexões Psicanalíticas*, 2009, pp. 55-70. Artigo original de 2008.

para saber do desafio e da arte de viver. O psicanalista em sua clínica tange o conhecimento desses fenômenos alojados no foro íntimo de cada indivíduo-paciente.

A psicanálise influencia e permeia o mundo das ideias modernas e pós-modernas. Sua influência ideativa faz parte da bússola do processo corrente de humanização, porém, a práxis de suas ideias parece ter sido mal aproveitada. O que a psicanálise trouxe de "novo" foi a ampliação e sistematização do conhecimento do inconsciente e da sexualidade humana, possibilitando chegar mais perto de suas complexidades e de tudo o que delas advêm. É a única disciplina ou área de Saber que, por seu empirismo, se ocupa diretamente dos vários eus do homem dividido e atuante na realidade interna e externa.

Os novos achados clínicos, que atualizam continuamente o conhecimento da psicanálise, permitem acolher a diversidade dos fenômenos psíquicos, integrá-los ao universal sem, entretanto, cair no relativismo efêmero de cada indivíduo. A psicanálise evita, ao mesmo tempo que evidencia, a falácia da dicotomia sujeito-objeto, do privado-público e do concreto-simbólico. Como disciplina, é a que está mais instrumentada para perceber o esvaziamento da fonte afetiva que conduz à perda da bússola de nossos valores éticos, seja pelo descaso com o sofrimento humano, seja pela ausência de tolerância e acolhimento das diferenças entre os povos.

A condição de neutralidade e de leitura gestáltica dos fenômenos psíquicos dá suporte e resguarda a integração e a identidade subjetivas do Ego, contrapondo-se a uma inteligência cega que o desumaniza, quando unicamente intelectiva, enrijecida por preconceitos e por valores impostos *a priori*, por racionalizações ou desvios advindos da avidez de conhecimentos que cobiçam a onisciência e a onipotência a qualquer custo. Nisso se configura a condição negativa de antiemoções e de antipensar do homem que irá afetar não somente sua estrutura e constituição psíquica, mas também a noção e o reconhecimento subjetivo de si mesmo.

Obviamente, a psicanálise não elimina o conflito humano, seja de sentimentos seja de valores, ao contrário, ajuda a instalar essa marca única e original do homem a partir de seu desamparo inicial. Ajuda-o a não se deixar seduzir defensivamente pelo automatismo ou pelo viver no ilusório, levando-o a se conscientizar desses perigos e a se conduzir por um maior respeito ético, pela autonomia subjetiva e a participação na construção do social.

Nós nos perguntamos:

Tem a psicanálise pressupostos "do que seja o Humano" e um vislumbre dos possíveis percursos de sua essência? Poderá ela passar sem tê-los? (não estou aqui me referindo a uma *Weltanschauung*). Se a psicanálise se dedica à tarefa de ajudar nascer a(s) face(s) do psíquico e do simbólico nas relações intersubjetivas, como não se debruçar sobre o conhecimento da essência e das operações da mente?[2]

Freud foi um teórico humanista. Deixou-nos como legado seus entendimentos sobre a Vida e sobre a Morte; sobre um Eros que une e um instinto que desfaz conexões levando o vivo a um estado inorgânico; trouxe à tona o vislumbre de nossos múltiplos eus; apontou para nossas conquistas de identidade tanto quanto mostrou o caminho das pedras derivado de nossa desvalia e de suas respectivas defesas; mostrou o limite de nossa razão, quando ameaçada pelo desamparo, inexoravelmente humano.

Com o passar do tempo, a psicanálise foi construindo um conjunto de conceituações advindas de novas observações clínicas que, do ponto de vista metapsicológico, ultrapassam, embora não excluam, o exame do fenômeno psíquico com base na teoria freudiana

---

2 Ocorre-me que na utilização dos conhecimentos teóricos (*a priori*) e de seus quase axiomas de fé que a psicanálise apresenta, encontramos um paradoxo e uma ambiguidade de propósitos que podem custar caro a nós analistas: deixarmo-nos seduzir pelas teorias em nossos encontros clínicos. Outro perigo é relativo ao uso aleatório de conhecimentos analíticos, para servir a generalizações e racionalizações inadequadas, como fazem os incautos.

das pulsões e da teoria das relações objetais que, por si sós, não dariam conta dos novos achados.

Freud não nos deixou algo sistematizado sobre os afetos, mas, ao longo de toda sua obra, sempre procurou categoralizá-los. Desde "Projeto para uma psicologia científica" (1895), lança uma luz sobre eles ao ponderar sobre o que cunhou de "ação específica". Esta se refere à afetiva ajuda alheia, à medida que

> *através da eliminação, pelo caminho da alteração interna, um indivíduo experiente atenta para o estado (necessitado) da criança. Esta via passa a ter, assim, uma função secundária, da mais alta importância de comunicação, e o desamparo inicial do ser humano é a fonte originária de todos os motivos morais. (Freud, 1952)*

Cita como exemplos da interferência da ação de outro vivente no interior do bebê a alimentação e a intimidade com o objeto sexual.

Há muito que refletir sobre essa posição filosófica de Freud na qual ele introduz a crença em um naturalismo ético relativo à significação básica da compreensão "do tornar-se humano" e de seu posterior desenvolvimento. Essas implicações filosóficas poderão levar a um aprofundamento da concepção de como se instala o sensório-erótico-psíquico como sustento da futura formação de Valores, à medida que Freud postula: "Dado que o ser humano é incapaz de por si só ocasionar a ação específica, ele é auxiliado por um outro. A motivação deste só pode ser a impedir a morte, que, na ausência de sua intervenção, seria inevitável" (Freud, 1985[1952]).

Do meu ponto de vista, nessa afirmação está a pedra fundamental para a aquisição ou não pelo bebê da noção da qualidade afetiva do Outro e, consequentemente, do que é valioso para si mesmo, isto é, o que é um Valor. Acredito que Freud está considerando também a existência da intersubjetividade desde os primórdios da vida, isto é, que a interferência do "objeto externo" já se instala desde então, impregnada de sua própria qualidade corpórea-afetiva, seja de perceber e ajudar o desamparo alheio, seja de evitar sua morte.

Não só para ele, mas para quase todos os autores pós-freudianos, o desenvolvimento da criança – emoções, sentimentos, razão – necessita da interação das realidades interno-externas entre sujeito e objeto.[3] Quanto mais essa troca for experienciada à luz das qualidades afetivas do objeto interno e/ou real, mais ela será eficaz e enriquecedora para a formação afetiva e simbólica do bebê. O "fenômeno da transferência" iluminou e foi iluminado por esses achados.

Formação de vínculos afetivos – íntimos ou contratuais/ convencionais

A teoria psicanalítica é também, certamente, uma "teoria da comunicação". A capacidade para a formação de vínculos, de natureza primária ou secundária é, sob diferentes vértices, objeto de observação e reflexão do saber psicanalítico, seja em sua constituição, seja em seus sucessos ou revezes.

Nosso corpo teórico tem sido constantemente ampliado por observações complexas ou sutis de que o psíquico-emocional do homem não amadurece ou não consegue estabelecer vínculos estáveis quando há falhas no intercâmbio afetivo primário, permanecendo escravo da organização de sua mente inicial que é regida pela concretude e pela leitura onipotente e radical dos fatos. Nessa não há lugar para o pensamento simbólico, apenas para o ilusório, o que limita o contato do homem com a realidade tanto externa quanto interna e o impede de desenvolver a instrumentação adequada para lidar com

3 Essa constatação vem se ampliando cada vez mais, sendo objeto até mesmo da hipótese de uma nova "3ª tópica" (Brusset).

suas realidades, sobretudo quanto à intencionalidade e prioridades de seus valores (desejos e necessidades).

É aproveitando-se do estado alucinatório primitivo das mentes desprovidas da função simbólica que lhes daria consistência que se instalam as mensagens da mídia, verdadeiras ou mentirosas.

Pela incapacidade de simbolizar, o indivíduo, na forma passiva de seus vínculos, fica à mercê dos desejos imediatos (pulsões), das ilusões ou das falsas promessas e do controle dos mais espertos. Permanece alienado. Na forma ativa, compulsiva, também à mercê das pulsões, é atraído pelo "Fascínio do Poder e do Controle", uma vez que os poderes oferecidos pela natureza – o de contato íntimo consigo e com o outro e o da inteligência – lhes foram impedidos pela parca conquista de desenvolvimento afetivo-emocional-intelectual. Para esses, a condição humana natural de potência e de controle é debilitada provavelmente pela carência de reconhecer e sobretudo de ser reconhecido pelo seu parceiro.

Chegamos agora, ainda que deforma sucinta, à questão do nascimento psíquico para o qual é necessário ultrapassar a situação ilusória de simbiose onipotente e sofrer a dor da separação do objeto também onipotente, seja interno ou real.

Freud, com a sensibilidade que só um poeta sabe expressar, falou-nos da dor da separação do nascimento, narcísica ou não, não importa; situou em sua obra a complexidade dos processos de separação-diferenciação entre sujeito e objeto que levam à formação da identidade e à identificação sexual, utilizando para isso a estrutura do mito de Édipo e a correspondente dor da castração, que podemos ler como a perda da onipotência primária.

O aprofundamento do estudo do Narcisismo foi contemplado com muitas outras valiosas contribuições posteriores tanto da escola inglesa como francesa. Estas, na maioria das vezes, dizem respeito a fraturas de dor imponderáveis que alimentam defensivamente a não integração entre a matéria e o simbólico.

Caso não seja interrompido o processo defensivo de dissociação em face dos sentimentos dolorosos, a tendência é deixar-se levar pelo afastamento ou eliminação da consciência dos sentimentos dolorosos. Assim, na busca de novas roupagens que escondam as limitações, ampliam-se cada vez mais as dificuldades e sofrimentos na separação do objeto original, obedecendo-se à imposição muito frequente de "valer por suas aparências".

Perguntamos então: haveria uma defesa mais eficaz para fazer diante das emoções e dos sentimentos de desvalia e de desamparo do que procurar se manter na "indiferença afetiva", na qual as cordas do coração já não mais tangeriam nem mesmo junto àquilo que lhe seria precioso como amar e ser amado?

Essa conversa é longa, mas registro meu ponto de vista de que a grande "violência" de nossos tempos não é tanto aquela gerada pelo ódio, mas a que resulta da indiferença afetiva e/ou racional, pois essa indiferença perverte os vínculos estáveis que alimentam os valores humanos por torná-los ausentes da dinâmica da vida psíquica.

Exemplos dessa ausência encontram-se no isolamento e na solidão, nas ditas psicopatologias "atuais", nos assassinatos, nas guerras, no desrespeito às culturas e à qualidade de vida dos miseráveis. Uso o conceito de perversão no sentido em que Chasseguet-Smirgel (1992) se refere a ele, "como uma estratégia para a manutenção das ilusões narcísicas", o que me leva a pensar que mesmo o afeto, que por acaso houver nessas situações, permanece apenas com qualidades também narcísicas desobjetivantes, usando uma terminologia de André Green (1983).

É neste contexto que sugiro que a "indiferença afetiva", em dupla via, conduz também a uma indiferença ética. Corroboro a ideia de Gabriel Cohn (2004, p. 81) para quem "a responsabilidade como instância de civilização representa, sobretudo, a oposição à indiferença" e [...] "a indiferença é a forma contemporânea da barbárie".

Expressões fenomenológicas da indiferença afetiva

A indiferença afetiva propriamente dita pode ser tanto uma falha estrutural no desenvolvimento das emoções e dos afetos como uma defesa dinâmica contra sofrimentos insuportáveis. Ambas não se excluem.

A falha estrutural revela-se pela quase incapacidade de sentir afetos ou angústia e pode ser causada por uma profunda insuficiência de maternagem afetiva adequada ou por origens de natureza traumática. Quando dinâmica, seja de qualidade emocional ou racional, produzida por distúrbios menos graves, essa insuficiência afetiva é invariavelmente fonte de muita culpa consigo e com o objeto. Clinicamente, aparece muitas vezes como "tentativas" de reparação, porém, nem sempre oriundas de um afeto natural, e sim de uma "compreensão" via racionalizações. É usada como defesa pelo fato de que seus afetos genuínos e sintônicos com o ego são afetos frágeis e inconsistentes, no entanto, ativos.

Uma outra alternativa para lidar com afetos e sentimentos insuportáveis "de sentir" é manter-se simbioticamente ligado ao Objeto, em moldes primários de narcisismo, evitando assim o sofrimento que a consciência das diferenças afetivas e a não posse do objeto causariam. Esse aspecto simbiótico está presente, em maior ou menor grau, em todas as dinâmicas de indiferença por ser um derivado da não aceitação por parte do homem imaturo de realizar e elaborar "as diferenças" de qualquer natureza, elaboração que exigiria entrar em contato com valores de qualquer natureza. Essa dinâmica psíquica é sustentada por identificações projetivas maciças ou não.

A essas configurações de indiferença acrescenta-se aquela oriunda de "*claustrums*" (Meltzer, 1994) que, ao ser acionados pela aproximação de partes cindidas, irrompem em um profundo sofrimento. Do ponto de vista do observador (analista), esse sofrimento pode parecer aleatório, mas seus significados afetivos são profundos e recorrentes e nem sempre próximos da expressividade com a qual despontaram.

Todas as constelações citadas podem surgir isoladas ou concomitantemente, fugazes ou constantes. Essa complexidade nas expressões fenomenológicas dificulta a suacompreensão e consequentemente o processo analítico. Acredito que nosso maior aliado para lidar com tais redes afetivas é a leitura e/ou no uso da transferência, por se tratar do instrumento que mais facilita a elaboração dos vínculos afetivos primários do paciente. As vivências e as elaborações transferenciais remetem-se diretamente à "ação específica" conceituada por Freud, ou seja, aquela ajuda material primária (alimento) que já vem impregnada da sua qualidade afetiva, tornando-se assim o protótipo do vínculo do que seja receber (e dar).

Os fatores que tecem a qualidade afetiva de nosso trabalho são da ordem simbólica e sensorial (sua materialidade). Ressalto entre todos a ética do analista em sua captação e respeito à originalidade das dores e das alegrias de seu paciente. Nossa experiência clínica nos autoriza a essa constatação. No contexto defensivo que requer do analista muita habilidade para aproximar-se dele, destacamos as defesas de pacientes que sofrem porque necessitam da ajuda do analista e por isso se consideram como pessoas cuja vida não lhes pertence, sentem-se impotentes por não serem onipotentes. As sensações e percepções de sua fragilidade e do desamparo, ainda que não conscientes, transformam-se em anulação de si mesmos e/ou submissão ao analista.

Do meu ponto de vista, esse sofrimento está entre os mais dolorosos, e assim mais escamoteados, à medida que é alimentado pela crença não desmistificada do "nascer sabendo", retida seja pelos próprios desejos seja, pelas imposições também onipotentes do S.E. O dar-se conta de que isso não lhe foi oferecido e/ou do quanto foram enganados por aqueles que lhes transmitiram ou alimentaram essa crença gera sentimentos profundos de ódio, de humilhação e de vergonha.

Essa crença onipotente é bem mais comum do que se supõe no nível manifesto. Um exemplo trivial é o desespero das mães no início da amamentação por suporem que toda mãe e todo bebê deveriam "nascer sabendo" amamentar e ser amamentado.

Adendo ao estudo presente: alguns desenvolvimentos e contribuições pós-freudianas

Embora essas novas conceituações estejam profundamente interligadas, nós as agrupamos, para efeitos didáticos, em "processos e funções mentais, mecanismos e leis" que regem a dinâmica psíquica – objetos de estudo talvez apenas da psicanálise que não só os estuda do ponto de vista acadêmico, mas os "vê" continuamente *in modus nascendi.*

Quanto à formação da identidade do eu, subjetivo e coletivo:

– a função da maternagem como primordial para o desenvolvimento dos potenciais humanos uma vez que estes, de fato, só nascem em solo fértil de afetividade;

– o aprofundamento do conhecimento do inconsciente que deixou transparecer ainda mais a complexidade dos não eu que acompanham o eu realístico;

– a relação da cultura com o eu capaz de reprimir ou não seus impulsos mais selvagens para manter os aspectos civilizatórios ou se afastar deles;

– a interação do interno/externo tanto do eu como do objeto (as intersubjetividades); e

– os destinos da autoestima e da heteroestima.

Quanto ao desenvolvimento da função de simbolizar e pensar:

– a aquisição da capacidade de pensar racional ou "afetivamente", sobretudo com a teoria de pensar de W. Bion (1984);

– a aquisição da linguagem e da comunicação em geral e sua decorrente interferência na qualidade da captação e da percepção do mundo com seus matizes globais;

– os meandros da capacidade criativa (embora às vezes se expresse de forma concreta);

– a própria afetividade, enquanto necessita de um mínimo de pensamento simbólico para se libertar dos desejos e interesses puramente individuais;

– os interesses e curiosidades científicos e culturais que necessitam de um eu, ainda que minimamente simbólico; e

– a clínica do Narcisismo.

Não podemos deixar de assinalar a valiosa contribuição de W. Bion com sua teoria do pensar pensamentos ao tratarmos das novas aquisições da psicanálise, utilizando-se como base os conhecimentos freudianos e kleinianos.

Quanto à função de phantasiar:

– o poder da fantasia como elemento fundamental para a sobrevivência do homem e para auxiliá-lo na expansão do seu *habitat* tanto mental quanto real;

– a natureza da fantasia que, pelos estudos psicanalíticos, pode ser diferenciada do "divino" e do "bruxo", e ser vista como parte do funcionamento mental; e

– a *phantasia* percebida com qualidade de realidade externa.

Em todos esses "processos" e funções relatados encontram-se "mecanismos" mentais profundamente descritos e sistematizados. Eis alguns deles:

Conceito de recalcamento, repressão, cisão, negação e todos os fenômenos que os circundam (trabalho do Negativo)

Observado e conceituado por Freud (1915), o mecanismo de recalcamento, um dos conceitos fundantes da psicanálise, é de extremo valor para garantir a existência e a permanência das funções conscientes e éticas do Homem ou a eliminação das mesmas. Pela aquisição da possibilidade de recalcamento é que o Homem se torna, um pouco mais, "agente" de si mesmo e de sua participação social. André Green talvez seja dos seguidores de Freud que mais atenção deu à constelação dinâmica ao redor desse mecanismo, cunhando-a de *O trabalho do Negativo*, apesar de não ter sido o primeiro autor a referir-se a ele. Esses complexos mecanismos são de fundamental importância para o foco de nossas reflexões, sobretudo para aquelas nas quais é recorrente o movimentar-se dentro de um campo ilusório, o que faz parte da estagnação do homem. Faço uma conjectura de que no uso e na intensidade desses mecanismos, mais do que em outros, há interferências de características culturais.

Identificação Projetiva e Projeção

Conceitos básicos para a compreensão de fenômenos profundos que permeiam toda comunicação humana e, para a teoria psicanalítica, bases iniciais na relação mãe-bebê. Melanie Klein e seu grupo aprofundaram e ampliaram bastante o conceito freudiano de Projeção e de Cisão, chegando ao que ela chamou de "Identificação Projetiva", que revoluciona quase toda leitura dos fenômenos psíquicos (Klein, 1946).

Bion, em vários estudos, estendeu a compreensão desse conceito tomando-o como o mais primitivo elemento de comunicação.

No contexto de estudo da identificação projetiva, destacamos o aprofundamento feito pela escola kleiniana do poder das *phantasias* que substituem constantemente a realidade a partir do fato que a identificação projetiva é, ela mesma, uma *phantasia*.

Freud formulou e sistematizou o inconsciente percebendo neste, "leis e lógicas e princípios próprios", revelando para a humanidade que não somente a Razão as têm.

Princípio do Prazer e Princípio da Realidade

Como o Poder Social não irá atender às necessidades básicas de sobrevivência se somente com a descarga de sofrimentos insuportáveis (desvalia, por exemplo) ou a possibilidade de transformá-los ou sublimá-los o homem será capaz de criar, pensar e participar do processo cultural e civilizatório? Em "Além do princípio do prazer" e em "O Mal-estar na Civilização", entre outros textos, encontram-se fundamentos para muitas das atrocidades humanas regidas pelo Princípio do Prazer. O estudo aprofundado desses dois princípios abriu muitos horizontes para a captação de fenômenos da conduta humana.

Processo primário e processo secundário

Embora esses processos tenham sido descritos ou usados por outras disciplinas de Saber (sociologia, filosofia etc.), a complexidade da sua interligação é construída por Freud e desenvolvida por seus seguidores. As relações humanas e tudo o que elas implicam, quando regidas por um ou outro ângulo (primário e secundário), são organizadas e podem ser compreendidas de maneira diversa. A ética é um ótimo exemplo dessa complexidade de diferentes leituras de aproximação quando seus elementos organizadores se acharem ligados às relações primárias (afetivas) e/ou secundárias (racionais).

Muitas vezes, tem-se a impressão de que a pós-modernidade valoriza o caos, o engano. Nestes não há conflitos, há a onipotência e a onisciência que eliminam a dúvida e a ambivalência. O caos é a materialização do conflito afetivo e valorativo, materialização que, como tal, facilita que aquele seja negado e/ou disfarçado sob a égide do desejo e do comando ilusórios. Nesse contexto histórico, a psicanálise rema contra a maré que carrega mar adentro a afetividade dos Valores. Talvez a Mídia seja a canoa.

Pelos resultados positivos que as descobertas da Psicanálise têm apresentado, ainda que para uma porcentagem mínima da população, pensamos que as marcas específicas do humano – capacidade de pensar, de criar, de categorizar valores, de comandar e de solidarizar-se – podem ser revigoradas, não deixando o Homem pós-moderno sucumbir em uma ideologia antiafeto e antipensar e da desesperança de acreditar em si mesmo, ainda que precariamente.

15. O corpo na contemporaneidade[1]

O Corpo na contemporaneidade muitas vezes é apartado de seu significado psíquico e de suas diferenças individuais. Um corpo sem alma, desde que a cultura da mídia tende a ignorar a vida interior do homem. Essa redução feita ao corpo metafísico, ao corpo cultura, retalha o seu todo.

> *É um retrocesso ao discurso cartesiano que relega o corpo à realidade objetiva, considerando-o uma coisa ou uma substância; ou uma volta às ideias pragmáticas de Marx e Darwin que conceberam o corpo como o primeiro instrumento do homem – o corpo como força produtiva. Há ainda a tentação de visualizá-lo, no horizonte do inconsciente de uma metapsicologia, como um significante, um signo, uma representação ou imagem, uma função fantasmática ou, ainda, nos aliarmos àqueles que encontram o corpo somente através da mediação dos discursos sociais, dos imaginários coletivos ou dos sistemas simbólicos. (Almeida & Danilo, 2001)*

---

1 Artigo original de 2012.

Filho da barbárie, orfandade dos potenciais humanos

Como pensar o Corpo Vivente?

A *poésis* do corpo é o seu existir, seu viver é metafísico. O funcionamento biológico do corpo antecede ao nascimento e a cultura a ser adquirida. O ser humano, ao transcender o corpo físico, faz a cultura: cria sons, inventa movimentos que lhe são úteis, executa as mais diversas atividades que lhe forem necessárias ou desejadas, sai à luta para defender suas ideias, busca o gozo no lúdico, troca afetos e por que não? Faz nascer outros corpos. Pela aquisição da cultura o homem contempla a si mesmo, como retrato de seus movimentos e de suas produções.

Ninguém nasce humano, torna-se humano na interação de seu corpo físico com as qualidades humanas de outro ser vivente. A chama de vida que o bebê tem ao nascer é por demais frágil para manter-se acesa sem o auxílio da presença física e psíquica de um outro ser vivente, geralmente a mãe. Empresto de Freud a conceituação de "ação específica". Esta se refere "à ajuda alheia, à medida que, através da eliminação, pelo caminho da alteração interna, um sujeito experiente atente para o estado da criança". Com essa postulação Freud considera a intersubjetividade desde os primórdios da vida, pois a interferência do "objeto externo" instala-se impregnada de sua própria qualidade afetiva. Essa transfusão afetiva da mãe, será portadora das qualidades humanas e base para posterior desenvolvimento do pensamento simbólico e da noção de Valor.

Estaria a qualidade afetiva da vida humana deteriorada em nossos tempos atuais? É certo que temos notícias de horrores passados que trucidaram as possibilidades de o corpo adquirir sua subjetividade. Não teriam também as conquistas contemporâneas sido à custa de isolamento e desperdício da afetividade e respeito ao próximo?

O homem cultural de nossa época tem sido atraído pela fascinação de poder e pelo apelo do mundo da técnica e da informática. O corpo é tratado apenas como produto de um discurso e até mesmo de uma teoria. Encontra-se muitas vezes prisioneiro de um abismo constituído pelo fetichismo e as aparências sedutoras.

O tema deste artigo, "Corpo na contemporaneidade", aponta para o vazio transcendental. Nessa configuração social, mescla de fetichismos e fundamentalismos, com suas aparências de espetáculo, perdeu-se a dimensão do "*Conatus*" de Spinosa.

Na primeira tópica, o analista corria o risco de ser apenas um observador distante, e não um participante efetivo que colabora com seu corpo e sua mente para o desenvolvimento dos potenciais humanos de seu paciente e vice-versa. Os conhecimentos da psicanálise ampliaram-se após formulação de Freud (1923) sobre a indissolubilidade de interação mente-corpo: "O Ego é antes de tudo um ego corporal" postulou Freud em 1923. Nessa nova concepção, as sensações e emoções passaram a ser fundantes na constituição das individualidades e raízes das vivências psíquicas. Consequentemente, a atual massificação e coisificação de nossos corpos impedem o desenvolvimento da singularidade e subjetividade, qualidades específicas do humano como agentes do processo de humanização. Indiferença corpórea e indiferença afetiva caminham *pari passu*. Constata-se que a indiferença corpórea do cuidador inicial será base para a indiferença afetiva.

Nas chamadas doenças atuais, como bulimia, anorexia, depressão por solidão, temos encontrado ausência de vivências afetivas pela não integração mente-corpo. Paradoxalmente, no mundo contemporâneo, as camadas sociais mais favorecidas[2] são as mais atingidas pelas conquistas tecnológicas. Se por um lado as auxiliam, quando

2 Obviamente aqueles que vivem na miséria também apresentam esses sintomas, mas não diretamente ligados aos avanços tecnológicos. São antes subprodutos da indiferença a eles pelos detentores da alta tecnologia e da mídia. Ativo, inseparável de seu espírito, das possibilidades de realização de sua subjetividade e enfim, o conhecimento de si mesmo enquanto tal?

em excesso não propiciam o desenvolvimento de suas próprias habilidades insubstituíveis e como autores da própria individualidade. Pouco a pouco vemos surgir o homem poderoso pelas máquinas que tiver a seu dispor. Dessas constatações infere-se que alguns avanços tecnológicos conquistados pelo homem impedem a apropriação de seu corpo erógeno e metafísico com suas marcas de humanidade.

As guerras, as inquisições, as diversas formas de escravidão e de humilhação foram fatores impeditivos da apropriação e reconhecimento pelos homens como agentes de um si próprio. Na contemporaneidade, a transformação do potencial humano em material de manobra não é a mesma escravidão, agora não pelo trabalho braçal, mas pelo ímpeto de poder e de controle por apenas alguns? A violência de nossos tempos estaria ligada à troca do respeito humano pelo rendimento corporativo? Não acarretam a perda da noção de um corpo próprio.

A realização da subjetividade e da noção de si mesmo somente poderá ser adquirida pelo encontro de dois corpos afetivos, dos quais nascerá a qualidade de vínculos posteriores. Se não houver o si mesmo, não haverá o Outro.

A teoria psicanalítica tem refletido sobre a capacidade individual de realizar e manter vínculos seja em sua constituição, seja em seus sucessos e revezes.

Em sua constituição os vínculos corpóreos e psíquicos acontecem concomitantemente. Originam-se do contato corporal com um outro, iluminando-se mutuamente, criando assim as sementes dos vínculos afetivos.

Inicialmente, os vínculos mantêm-se apenas no plano do ilusório, do desejo e da necessidade sem um pensar realístico. Caso esse pré-requisito não seja realimentado afetivamente, o homem permanecerá escravo da organização da mente primitiva.

Se o psíquico não amadurecer, o homem permanecerá escravo da organização de sua mente inicial (objetos parciais), a qual é regida por uma leitura onipotente e radical dos fatos. A qualidade da estrutura e da dinâmica de sua mente manter-se-á regida pela concretude na qual não há lugar para o pensamento simbólico, apenas para o ilusório, o que leva o homem a uma limitação de seu contato com a realidade, externa ou interna, não desenvolvendo a instrumentação adequada para lidar com suas realidades, intencionalidade e prioridades de seus valores. Aproveitando-se do estado alucinatório primitivo das mentes desprovidas da função simbólica, que lhe assegura consistência, se instalam as mensagens da mídia, verdadeiras ou mentirosas. Pela incapacidade de simbolizar, o indivíduo quando na forma passiva de seus vínculos, fica à mercê de seus desejos imediatos (pulsões), das ilusões, das falsas promessas e do controle dos mais sabidos; na sua forma ativa, também à mercê de suas pulsões, ele é atraído pelo "Fascínio do poder e do controle", uma vez que aqueles que lhe foram oferecidos pela natureza – o da inteligência e contato íntimo consigo e com o outro – foram impedidos pela parca conquista de desenvolvimento afetivo-emocional-intelectual.

O processo de afastamento ou eliminação da consciência de sentimentos dolorosos ligados à diferenciação tende a se ampliar cada vez mais, em procura de novas roupagens que escondam as limitações, dificuldades e sofrimentos na separação do objeto original e que obedeçam à imposição de "valer pelas aparências". Logo, haveria uma defesa mais eficaz em face às emoções e sentimentos de desvalia e desamparo, do que permanecer ou buscar a indiferença corpórea e afetiva, nas quais não haveria identificação com o outro? A grande violência de nossos tempos não é tanto aquela gerada pelo ódio, mas deriva-se da indiferença corpórea e/ou afetiva presentes na dinâmica da vida psíquica. Essas ausências levam ao isolamento e à solidão, às ditas psicopatologias "atuais", aos assassinatos, às guerras, ao desrespeito às culturas e à qualidade de vida dos miseráveis. Ainda que haja algum afeto nas situações citadas, permanecerá apenas com qualidade narcísica desobjetivante, usando uma terminologia de André Green: Perverte-se a humanidade.

Na pós-modernidade é encontrada a valorização do caos e da mentira, eliminando os conflitos pela lavagem cerebral, materializando o conflito afetivo e valorativo, o que facilita a negação e/ou disfarce sob a égide do desejo e do comando ilusórios.

Nesse contexto histórico, a psicanálise rema contra a maré contemporânea que carrega mar adentro a afetividade dos valores, que iluminariam o corpo com suas vitalidades. Talvez a Mídia seja a canoa que leva esses valores para o fundo do mar, transformando o corpo humano em apenas objeto de desejo e de poder do outro.

Seja como for, a esperança permanece. Resultados positivos na contemporaneidade minoram o sofrimento. O desenvolvimento da medicina, a melhoria das habitações e da alimentação, o estudo e a cultura, quando oferecidos, o transporte e a comunicação entre distâncias, o desafogo de regras morais são provas do desenvolvimento adquirido. A tristeza de nosso tempo é de que não são para todos esses desenvolvimentos. Desde sempre a aquisição de novos recursos não é repartida igualitariamente; o abuso do corpo humano parece ser o menos considerado pelas aquisições da contemporaneidade. Trabalho além das forças físicas, falta de alegrias, manutenção da família, segurança de recursos financeiros. Em todas essas situações contemporâneas está presente a desconsideração ao Corpo, primeiro representante do ser vivente.

Desde Freud, as descobertas da psicanálise têm propiciado, ainda que para uma parcela mínima da população, refletir sobre as marcas específicas do humano – o pensar, o criar, categorizar valores, comandar e se solidarizar para que possam ser revigoradas e não deixem o homem sucumbir a uma ideologia da desesperança, construída sobretudo a partir da desvalorização do corpo sexual ou pensante, tomando-o apenas como matéria ou produto, em detrimento de sua condição metafísica.

16. O desamparo em face da impunidade[1]

A reflexão ética é um exercício delicado, que requer senso de antecipação: ela não busca tanto descrever os valores, mas antes compreender como estes podem se transformar e nos transformar. Trago algumas reflexões sobre a inter-relação entre desamparo e impunidade.

O instrumento que a psicanálise oferece possibilita aprofundar nosso olhar para os engodos culturais da contemporaneidade, sejam os arremedos de amor de suas lideranças egocentristas, sejam as injustiças sociais centradas no poder autoritário e na cultura consumista. Essas injustiças baseiam-se na perversão, da qual faz parte a impunidade, sempre recheada de mentiras e traições. Obviamente, a psicanálise não elimina o conflito mental, mas ajuda a constatação do mesmo, marca única do Homem. Ajuda-o assim a não se deixar seduzir pelo automatismo e pelo viver ilusório, levando-o a se conscientizar desses perigos e a se conduzir pelo respeito ético à sua autonomia subjetiva e à inserção construtiva no âmbito social.

1 Artigo original de 2018.

Em uma carta escrita em 1930 a Romain Rolland, Freud admite que

> *a psicanálise tem sua escala de valores, mas seu único objetivo é a harmonia enaltecida do Ego, esperando-se que consiga ser o intermediário entre as exigências da vida instintiva (o Id) e as do mundo exterior, portanto, entre a realidade interna e externa. (Freud, 1982, pp. 456-457)*

As exigências culturais opostas ao desejo individual abrem caminho para recalcamentos ou transgressões. A autoridade responsável (paterna ou não) será essencial para a mediação desses conflitos, isentando-os ou não, de limites e/ou punições. As atitudes ou atos éticos articulam-se sempre e necessariamente com a questão do sujeito e sua cultura e/ou atos do cotidiano.

Os direitos humanos de *per se* são apenas uma ficção, uma criação ética de normas a partir de cada cultura. Há, no entanto, uma exceção universal que se refere ao direito de tornar humana a condição biológica. Essa função primeiramente cabe aos genitores que regem o destino social do filho e, na falta deles, ao Estado, enquanto responsável pela Lei. O trabalho psicanalítico tem como vértice o desenvolvimento das capacidades do indivíduo, pois estas não se tratam apenas de um desejo, mas uma exigência de sobrevivência. Nas palavras de Freud, "o desamparo inicial dos seres humanos é a fonte primordial de todos os motivos morais" (1895, p. 422). A Psicanálise é mais conhecida como um tratamento da ordem do psíquico-afetivo. O indissolúvel corpo-mente fica evidente no trabalho analítico, pois o desenvolvimento do psíquico produz também uma melhoria orgânica.

A implantação do psíquico no corpo biológico guardará a marca pela vida afora da qualidade afetiva com que o bebê foi alimentado e tratado por seus pares ("Projeto de uma psicologia", 1895), como modelos de posteriores introjeções, projeções, identificações e sobretudo de seu auto e hétero respeito. O sentimento de desamparo talvez seja um representante fiel dessa situação inicial.

Para que a qualidade afetiva das interações humanas seja favorável ao desenvolvimento humano, são necessárias as leis civilizatórias de permissão e interdição, junto com a punição à transgressões sociais. A punição não é oposta nem ao amor, nem ao desejo, sendo antes limite do que castigo. A impunidade em face do desrespeito à dignidade humana, tão banalizada em nossos tempos (talvez sempre tenha sido assim...), fere frontalmente o direito de voz autônoma de cada ser vivente. Fere ainda, como consequência, a formação da identidade e o estabelecimento da autoestima pessoal. A falta de critérios e discernimento relativos às justiças/injustiças individuais ou coletivas resultam no desequilíbrio social e individual. A impunidade remete-nos ao inanimado e ao inominado, ao homem-matéria. Funciona como ativador para o modelo regressivo no qual sujeito e objeto, então confundidos, são ao mesmo tempo transgressores e injustiçados.

"A primeira exigência da civilização", diz Freud, "é a da justiça, ou seja, a garantia de que uma lei, uma vez criada, não será violada em favor de um indivíduo. Isso não acarreta nada quanto ao valor ético de tal lei (1930, p. 116). "O conflito ético decorre também do fato de que os impasses entre pulsão e cultura são estruturais, e não conjunturais, o que revela a intransponível situação de desamparo psíquico-político em que se encontra o sujeito num mundo sem autoridade e submetido às exigências da Cultura e dos poderosos" (1937).

O que tem sido feito pela civilização junto à justiça entre seus membros? Cada vez mais prevalece a lei selvagem dos mais fortes. Impunidade para alguns, desamparo para outros. Após a Revolução Industrial, não seria o Homem-artesão visto apenas como uma peça da indústria? Sua arte usurpada pelo Poder dos mais fortes? Não seria esse fato um ato de injustiça cultural, isento de punição, em nome do progresso? O desamparo dos pequenos não faz parte da máquina industrial.

Freud nos textos "Totem e Tabu" (1912) e "O mal-estar na civilização" (1930) expõe suas ideias quanto ao desamparo em face da Impunidade. Em "O Ego e o Id" (1923) e em "A Dissolução do complexo de Édipo" (1923), Freud detalha a dinâmica do desamparo. Nesses textos, ele enfatiza a articulação entre desejo e culpa, levando-nos apensar no eterno ciclo da repetição e na relação entre frustração, culpa e proibição, tão logo os homens se defrontem com a tarefa do viver juntos. Para Freud, esse conflito está destinado a se expressar no complexo edipiano.

É essencial a dissolução do complexo edipiano para a constituição do ego e de sua possibilidade de solidariedade como respeito aos direitos próprios e alheios. A integração da personalidade se dará à medida que as figuras parentais reais ou do Estado realizem o que lhes compete: mitigar o desamparo natural ao desenvolvimento e, concomitantemente, usar de sua autoridade para punir as transgressões, as injustiças, sejam pessoais ou públicas (1939). Não tratamos de conselhos morais ou religiosos, mas sim de observações pertinentes à passagem do homem biológico ao pensante e reflexivo; à sua conquista de autonomia e de sua possibilidade de interagir com seus pares, construindo o espaço em que habitam. A impunidade dos mais fortes em face do desamparo dos mais fracos tornou-se um ato banal.

17. A psicanálise frente à ação traumática do excesso de informações[1]

Quando duas personalidades se encontram
Cria-se uma tempestade emocional.
(Bion, 1979)

I. Aspectos socioculturais do excesso de informações

A vida e as instituições modernas diferem de todas as formas anteriores de ordem social, quanto ao seu dinamismo, ao grau com que interferem em hábitos e costumes tradicionais, e ao seu impacto global. No entanto, essas não são apenas transformações em extensão: a modernidade altera radicalmente a natureza da vida social cotidiana e afeta os aspectos mais pessoais de nossa existência. A modernidade deve ser entendida em um nível institucional; mas as transformações introduzidas pelas instituições modernas se entrelaçam de maneira direta com a vida individual, e, portanto, com o eu. Uma das características distintivas da modernidade,

1 Sem data.

de fato, é a crescente interconexão entre os dois "extremos" da extensão e da intencionalidade: influências globalizantes de um lado e disposições pessoais de outro. A vida social moderna é caracterizada por profundos processos de reorganização do tempo e do espaço, associados à expansão de mecanismo de desencaixe – mecanismos que deslocam as relações sociais de seus lugares específicos, recombinando-as por intermédio de grandes distâncias no tempo e no espaço. A reorganização do tempo e do espaço, somada aos mecanismos de desencaixe, radicaliza e globaliza traços institucionais preestabelecidos da modernidade; e atua na transformação do conteúdo e da natureza da vida social cotidiana.

Nessa transformação do conteúdo e da natureza da vida social cotidiana, reorganizando a noção de tempo e de espaço, destacamos um fator que nos parece determinante: o excesso de estímulos, desde os sensoriais até os mais abstratos contidos na comunicação e na informação, até então impossíveis, antes da era da informação eletrônica.

A modernidade é uma cultura do risco. Ela reduz o risco geral de certas áreas e modo de vida, mas ao mesmo tempo introduz novos parâmetros (exemplos) de risco, pouco conhecidos ou inteiramente desconhecidos em épocas anteriores, derivados do caráter globalizado dos sistemas sociais da modernidade.

Exemplo simples desse processo pôde ser vivido quando milhões de pessoas assistiram perplexas, ao vivo, o acontecimento traumático do 11 de setembro de 2001, ou àquele do Tsunami. Até há pouco tempo, teríamos apenas ouvido ou lido notícias, sem sermos atravessados pelas imagens puras, originais, sem nenhuma depuração ou "digestão" daqueles que primeiramente sofreram o impacto. A influência de acontecimentos distantes chega até a nossa intimidade, invadindo-nos de um excesso de excitações, maneira que cria novas formas de fragmentação e dispersão. Paradoxalmente a essa uniformidade nos estímulos que nos atinge, a modernidade produz também diferença, exclusão e marginalização para aqueles que de uma forma ou de outra não estão *up-to-date* com os acontecimentos. Afastando a possibilidade de uma "emancipação" desse *modus vivendi*, o que assistimos são as instituições modernas criarem mecanismos de supressão, e não de realização do eu. Nossa intimidade foi atingida e transformada, separada da natureza "original" e de uma variedade de experiências que dizem respeito a questões e dilemas existenciais.

A segregação de experiências naturais, geralmente ligadas ao íntimo do homem para sua sobrevivência, significa que, para muitas pessoas, o contato direto com eventos e situações que ligam a vida individual a questões mais amplas de ética, moralidade e finitude são raras e fugazes.

De maneira bastante esquemática, esse é o panorama sociocultural do excesso de informações-excitações que a contemporaneidade nos oferece.

II. Natureza e qualidade do excesso de informação

Qual a nossa capacidade psíquica em defesa de nosso equilíbrio emocional e pensante ao enfrentarmos a cultura do excesso e da escassez?

Por que chamarmos algo de excesso? Existe enquanto tal? Será ele o excedente deletério?

A única certeza para a espécie humana é quanto à morte e à finitude de recursos para lidar com nossos sofrimentos. Não existe quem não sofra, a não ser que abdique de existir.

Freud denunciou a multiplicidade do "eu". Ferida narcísica por excelência. Não atingimos saber nunca quem somos finalmente. Fonte de traumas, paradoxalmente, também fonte de desejo e necessidade de expansão; de compromisso e de transgressão.

> *O espírito humano está exposto às mais surpreendentes injunções. De maneira incessante, ele tem medo de si*

> *mesmo [...] Não penso que o homem tenha uma chance de iluminar um pouco o que o apavora antes de dominá-lo. Não que ele deva esperar um mundo onde não haveria mais razão de pavor, onde o erotismo e a morte se encontrariam no plano dos encadeamentos de uma mecânica. Mas o homem pode superar o que o apavora, enfrentando-o. É esse o preço que ele paga para escapar do estranho desconhecimento que tem de si mesmo, que até aqui o definiu. (Georges Bataille, O Erotismo, 1957)*

Mas o homem tem também medo do Outro, "*L´enfer c´est les autres*", disse Sartre. Entendo que o filósofo se refere ao Outro como "o Outro é o mistério de mim, sendo que o mim é o mistério no outro" (M. O. França, 2003).

É sobre esse ângulo que quero centrar minha contribuição ao tema de estudo de hoje. As tragédias e transformações da sociedade moderna nos atingem quando delas participa o ser humano. Daí provavelmente a tentação dos poderosos de transformarem o ser humano em meros números, massa de manobra. "No mundo externo não há qualidades, apenas massas em movimento que se embatem continuamente, nada mais. As qualidades são uma criação humana, embora não sejam arbitrárias" (Freud).

Freud coloca o núcleo do perigo para o desmantelamento do psíquico em um aumento, além do tolerável por ele, da tensão causada por um afluxo de excitações internas que exigem ser liquidadas e/ou liberadas, e não o são. Dá-se então a ferida, o buraco, o trauma. Cenário para futuros traumatismos.

O âmago da questão está então no Outro, fora ou dentro de nós. Este Outro quer dizer diferença do já organizado, estabelecido inconsciente ou conscientemente. No enfrentamento do novo surge a nossa fragilidade psíquica. E o que pode haver de mais representativo do novo do que aquele semelhante em sua aparência de humano que nos enlouquece por mostrar-se na intimidade tão diferente de nós mesmos, despertando também em nós o diferente que até então não era familiar?

Para Freud, o nosso psíquico é regido pelo princípio do prazer cuja organização estabelece e mantém o estabelecimento do processo primário do pensamento, liberador por excelência do excesso ou excedentes de estímulos que nos atingem. O processo secundário processa aqueles elementos ou fatores que sejam digeríveis pelo nosso psíquico, seja pela sua intensidade, seja pela sua natureza.

Quanto à sua intensidade e volume está evidente que a modernidade sobrecarrega nossas mentes. Ao excesso de informações e excitações tem sido chamada bastante a nossa atenção como fator que pode ser traumatizante para nossa integridade emocional e pensante.

Mas abro um espaço para pensarmos sobre a natureza e a qualidade das excitações e estímulos aos quais estamos sendo submetidos pelo mundo externo, em nossa organização ou contrato social contemporâneo e pós-moderno.

Denomino-as desta maneira: o inumano travestido de humano, ou a materialização com disfarces de simbólico, ou ainda o antiético da barbárie em nome da cultura e do progresso. Há sempre um engodo-falsidade inserido nesses contextos que levam a ocasionar um "trauma".

Excesso de amor?

Excesso de ódio?

Não. Excesso de indiferença afetiva é o que leva à loucura e ao trauma. Como diz Primo Levi em *Isto é um homem?*:

> *E lá (em Cárpi) recebemos as primeiras pancadas, o que foi tão novo e absurdo que não chegamos a sentir dor, nem no corpo nem na alma. Apenas um profundo*

> *assombro: como é que, sem raiva, pode-se bater numa criatura humana?*

Percebe-se nesta situação que Primo Levi se refere ao *quantum* afetivo a ponto de não poder ser simbolizado.

O excedente/excesso é aquele que perdeu a qualidade de ligação (Freud) e faz com que a mente também não possa acionar suas condições de funcionamento: submeter as excitações ao princípio do Princípio do Prazer, preparando-as para posteriormente sofrerem o processo de metaforização, tornando-se simbólicas e passíveis da organização do processo secundário, da capacidade de vinculação passando a constituir nosso acervo e rede psíquica propriamente dita.

O excesso/excedente é castrador à medida que não corresponde à necessidade, nem mesmo ao imaginário ou desejável. Ele, pelo contrário, frustra essas promessas pela sua falta de significado. Ele não leva ao homem ser possuidor ou autor de algo, mas o leva a ser aquele que apenas consome – come e defeca, como o predador. Com isso, o homem se vê privado de imaginar e pensar em seus próprios sonhos e projetos.

18. O saber da psicanálise na pós-modernidade[1]

Uso ou desperdício?[2]

No mundo não há qualidades, apenas massas em movimento, que se embatem continuamente. As qualidades são uma criação humana, embora estas não sejam arbitrárias.

(Freud, 1895)

É realmente assombroso que o inconsciente de um homem possa reagir ao inconsciente de outro homem, contornando o consciente.

(Freud, 1915)

O espírito humano está exposto às mais surpreendentes injunções. De maneira incessante ele tem medo de si mesmo.

(Bataille, 1957)

1 Alguns trechos deste capítulo foram aproveitados dos capítulos 2 e 11.

2 Artigo original de 2006.

Ninguém nasce humano, torna-se humano

As questões que levantarei neste trabalho são por demais vastas, abrangentes e complexas, merecendo ser objeto de estudo bem mais profundo do que me permitem as condições de um trabalho para Congresso e provavelmente também da minha capacidade para aprofundá-los.

Privilegiando a didática tão somente, dividirei essas questões em cinco partes:

a) Objeto de Saber da psicanálise.
b) Justificativa da demanda que por direito se faz ao psicanalista clínico como receptor e portador do Saber psicanalítico.
c) Tentativa de retratar o panorama da situação afetiva interacional (comunicação) relacionando-a às transformações sociais ocorridas nos três últimos séculos e de retratar a rede afetiva que embasa nossa civilização.
d) Achados diferenciais e específicos do Saber psicanalítico que o diferencia de outras áreas do conhecimento: uma teoria da comunicação.
e) Um desafio para a psicanálise e para os psicanalistas.
    1. A contribuição psicanalítica para desacertos na comunicação mundial.
    2. A troca de conhecimentos entre diferentes áreas do saber.

Objeto da psicanálise

A psicanálise tem influenciado e permeia o mundo das ideias e práxis contemporâneas. Sua marca está na bússola do processo corrente de humanização. O novo que a psicanálise nos trouxe foi a ampliação e sistematização do conhecimento do inconsciente e de tudo o que dele advém. Aborda com isso a complexidade dos paradoxos, das ambiguidades, do acaso e do determinismo. É a única disciplina ou área de Saber que se ocupa diretamente com os vários eus do homem dividido e com o Eu atuante do homem na realidade. Embora outras disciplinas humanísticas também lidem com o "todo" do homem, as mesmas não têm privilégio de estarem em contato íntimo e direto com a constituição do psíquico e da razão, como o temos em nossa clínica. Graças ao empirismo da psicanálise por meio de seu método clínico, obtemos elementos que nos levam a penetrar em seu objeto de conhecimento pela relação viva da dupla analista-analisando, vitalizando continuamente o nosso saber. Assim, a psicanálise, ao iluminar as profundezas do inconsciente, ao mesmo tempo que evidencia, pode evitar a falácia da dicotomia sujeito-objeto, do privado-público e do concreto-simbólico, assim como ilumina as nuances conscientes e inconscientes de cada indivíduo. São esses achados clínicos que permitem atualizar o conhecimento da psicanálise, ajuda o indivíduo aceitar a diversidade, integrá-la ao universal sem, entretanto, cair no relativismo efêmero. A diversidade é criativa e contribui para a saúde mental, não sendo assim o intercâmbio de culturas e de valores, nem mesmo o choque de civilizações que porão em perigo a integração da identidade e humanização do homem. O perigo ocorre quando a fonte desses confrontos ou choques encontrar-se seca pela ausência ou impossibilidade dos valores-ideais serem compartilháveis no acolhimento das diferenças. Essa condição quando negativa de acolher e compartilhar valores/ideais realimenta a mente antiemoções e antipensar, que por sua vez impede a reflexão sobre os pilares valorativos da própria identidade. Em nossa clínica, esses fenômenos são observados de forma empírica quase incontestavelmente. É dessa maneira que somos guardiões dos fenômenos interacionais mais profundos da mente humana.

Justificativa da demanda que por direito se faz ao psicanalista clínico como receptor e portador do Saber psicanalítico

Avalia-se que nosso tempo atual passa por uma crise de valores e consequentemente de ideais do espírito. De que natureza? Provavelmente a "indiferença afetiva" que cada vez mais se propaga entre os homens levou-os também a uma indiferença ética, seja entre seus pares na condição individual, social, seja nos conflitos mundiais entre povos. Paradoxalmente, talvez nunca se tenha tido uma gama tão grande de informações sobre a pluralidade de culturas e valores revelados pela globalização. O excesso dessa multiplicidade de convicções, crenças e hábitos culturais que agora se intercruzam talvez seja o principal fator pelo qual perdemos nossa bússola ética e nossos instrumentos de navegação para a aproximação de nós mesmos. Certamente, os avanços científicos e tecnológicos desde a época da Revolução Industrial exigiram do Homem grandes expansões e adaptações. Essas mudanças rápidas da mentalidade do Homem nos mostram a flexibilidade e a vulnerabilidade do funcionamento mental, sua força e sua fraqueza. As invenções científicas modernas, a informática e a mídia poderão ser utilizadas tanto para minorar o sofrimento humano, como eliminar o potencial superior do Homem e tratá-lo apenas como máquina. A conquista e a adesão ao conhecimento da dicotomia sujeito/objeto pelas ciências em geral foram fatores preponderantes no avanço desses conhecimentos e possibilidades de mudanças.

A civilização também se baseia na renúncia dos desejos meramente pulsionais para que, organizados, possam prestar-se ao indivíduo e ao coletivo social na detecção de suas necessidades e na adequação da distribuição justa dos recursos disponíveis criados pelo homem e daqueles que a natureza proporciona. Esta oferece para os animais uma programação "pronta" a ser realizada no decurso de suas vidas. Ao homem, a natureza oferece potenciais, mas que deverão ser constituídos e desenvolvidos por ele no seio de seus semelhantes, pois ele nasce "inacabado" quanto à busca da direção e do significado da vida de si mesmo nesta viagem que fazemos.

A marca de uma natureza inacabada que o homem tem ao nascer lhe oferece, por um lado, talvez como prêmio, a satisfação consistente e consciente de coparticipar na conquista de sua sobrevivência e de seu desenvolvimento, e, por outro, os ônus dessa coparticipação, isto é, compartilhar de algo tão complexo como o constituir de sua consciência, de sua inteligência, de seu auto e hétero respeito, repletos de paradoxos, dúvidas, ambivalências, frustrações e limitações. Esses aspectos que fazem parte de sua fragilidade e impotência são, ao mesmo tempo, os estímulos para saber do desafio e da arte de viver. O psicanalista em sua clínica tange de perto o conhecimento desses fenômenos.

A função da psicanálise é favorecer uma leitura isenta de valores *a priori*, sem racionalizações ou desvios advindos da avidez de conhecimentos que cobiça a onipotência a qualquer custo, a qual, por sua vez, sustentaria uma inteligência cega responsável pela desumanização do homem. Obviamente, a psicanálise não elimina o conflito mental, muito pelo contrário ajuda a instalar esta marca única do homem. Ajuda-o a não se seduzir seja pelo automatismo, seja pelo viver no ilusório, levando-o a conscientizar-se desses perigos conduzindo-se por um maior respeito ético pela sua autonomia subjetiva e por sua participação na construção do social.

Tem a psicanálise um conceito *a priori* do que é o Humano e um vislumbre do percurso de sua essência? Poderá ela passar sem tê-los?

Se ela se dedica à tarefa de "fazer nascer o humano" em cada um de nós, como não se debruçar sobre o conhecimento daquilo que nos humaniza, isto é, de como nasce a mente humana?

Qual a contribuição então que se espera da Psicanálise? Como pode ela enriquecer o contrato individual e social entre os povos, em seus eixos biológicos, naturais, educacionais, culturais e éticos?

Freud fala em "reservatório da libido" localizado no Id e no Ego. Aprofundou-se também no entendimento de nossos aspectos de destrutividade e de morte. Trouxe à tona o vislumbre de nossos eus, mostrando o caminho das pedras de nossas boas intenções. Mostrou o limite de nossa razão, quando ameaçada pelo desamparo, inexoravelmente humano. Nesse caleidoscópio de fatores que constituem a natureza, a estrutura e o desenvolvimento mental, está a contribuição específica e diferencial da psicanálise.

Penso que é no conhecimento dos fatores básicos para a constituição e o desenvolvimento mental que está o valor primordial que a psicanálise oferece. Seja instrumentar o homem junto à necessidade e ao desejo (potenciais) de inteirar-se de si mesmo, de seus dons, de seus sofrimentos, de seus sonhos e de seus ideais e projetos. A análise individual do analista tanto quanto lhe for possível levará a ele, antes de tudo, inteirar-se de si mesmo.

No conhecimento *a priori* (teórico) e seus quase axiomas de fé, que a Psicanálise apresenta, encontramos um paradoxo e uma ambiguidade de propósitos que podem nos custar caro.

Se por um lado não podemos negar que temos *a priori* uma conceituação de como acontece o desenvolvimento da mente, por outro, devemos nos afastar dele quando estamos vivendo a leitura clínica em um encontro analítico.

Mas "*la nave va*"... Esta questão é por demais complexa e a discussão sobre ela fugiria ao escopo deste trabalho, embora seja referente a ela.

Tentativa de retratar a rede afetiva que embasa nossa civilização, isto é, o panorama da situação afetiva--moral-interacional (comunicação) da pós-modernidade, relacionando-a às transformações sociais ocorridas nos três últimos séculos

A vida emocional e mental contemporânea encontra-se afetada pelas transformações bruscas ocorridas nos séculos XX, e já se percebe que este século XXI irá também exigir dela muita capacidade de revitalização transformadora e adaptativa para que não sucumba à confusão de seus valores morais e éticos, ao culto do estresse e à tirania da urgência (embora estes fatos sejam, muitas vezes, imposições para sobreviver). Em nossos encontros clínicos, encontramos antes uma falta de autenticidade e de sentido/significado de ideais e valores morais do que a "ausência" da instalação dos mesmos nos "corpos mentais" dos nossos pacientes. Existe angústia e confusão quanto ao manejo e direção possível desses valores pela incapacidade de atingir seus significados. Pessoas que procuram a psicanálise são aquelas que ainda são sensíveis a esses conflitos, muito embora seja crescente a tendência universal de "*mindlessness*" (falta de mente) ou de concretude mental, como resultante da impossibilidade de pensar-se a si mesmo, na conquista de significados para os valores a que tiver acesso. Os valores e ideais que constituem nosso eu são "mutáveis" pelas influências culturais, devendo por isso ser continuamente reavaliados. Nessa atualização é que parece estar a crise. Não se trata de valores morais ou religiosos unicamente, mas dos valores leigos relativos à ciência, ao progresso, à emancipação dos povos, aos ideais humanísticos e de solidariedade com o próximo. A possibilidade de hierarquizá-los parece perdida para o Homem, condição que lhe traria força e disciplina para construir-se e imprimir uma nova direção ao processo de humanização. O Homem alienado de seu espírito e de sua mente não terá condições para realizar essa tarefa. Materializá-los, esvaziá-los, achatando-os de significado para que tudo se equivalha tem sido uma saída encontrada para lidar com a complexidade confusa de seus valores. Estaria aí a atual eclipse da inteligência do homem, nessa desativação e banalização de suas marcas específicas – capacidade de criar, de pensar, de comandar e de solidarizar-se – que dariam abrigo aos seus conflitos humanos? Envolvido e encantado pelo efêmero, o homem parece distanciar-se desses seus profundos potenciais que o diferenciam como ser vivo pensante. Categorizando de maneira bastante sintética o processo que os desenvolvimentos sobretudo tecnológicos submeteram ou conduziram o homem nestes últimos anos, diríamos que ele passou e viveu do Ser a fazer a aparecer (aparências ilusórias). Proposta apresentada em *Sociedade do Espetáculo* de Guy

Debord (1997). Primeiramente, a Revolução Industrial ocasionou a busca do lugar identificatório em uma "sociedade do consumo" na qual, por exemplo: o artista e/ou o artesão de instrumentos do cotidiano se vê face a uma multiplicidade homogênea e pasteurizante daquilo que criava como único. Perde assim o seu lugar de criador insubstituível. O poder se vê ligado ao ter cada vez mais, ainda que não seja conhecida a causa última para tanto. Sobretudo pelas possibilidades da informática dessa sociedade do "ter-consumir", originou-se o processo de ter ainda mais – poder, ilusório. É possível agora vender o ilusório, o virtual. É possível agora comprar o controle das mentes vendendo-lhes um lugar identificatório nas bases ou com os modelos dos mais compráveis que levam a ter mais/poder mais/controlar mais, segundo seus desejos mais primitivos/obnubilar mais o sofrimento humano advindo de suas limitações e frustrações. De maneira reduzida, categorizo esses fenômenos de desativação do humano no decorrer de seu processo civilizatório em:

Desativação do pensamento criativo e da flexibilidade mental

Acontece quando o Homem se vê possuidor de grandes, médias ou pequenas máquinas, julgando-se por isso isento de sua necessidade de pensar e/ou de sentir. Ele passa a fazer uso de produtos prontos que, muito facilmente, camuflam sua impotência ou sua burrice emocional. Essas máquinas podem ir desde bombas atômicas até simples maquininhas de brinquedo. O nocivo é quando o Homem desavisado se confunde com essas maquininhas, acreditando-se onipotente, onisciente e onipresente; completo, perfeito, potente e invulnerável como as máquinas com mil anos de garantia e pagamento a longuíssimo prazo. A complexidade do espaço e do tempo e da realidade é assim substituída pela simplicidade da obediência que a máquina lhe empresta. Charles Chaplin em seu filme *Tempos Modernos*, de 1936, retrata magnificamente essa situação.

Desativação do Homo faber *criativo*

Paralelamente, assistimos a uma desativação do "*Homo faber* criativo", isto é, daquele que é capaz da ação prática para lidar com suas necessidades e desejos. A vida cotidiana está cheia desses exemplos: sabe-se onde comprar o peixe, mas não se sabe mais onde e como pescá-lo. Pode-se ter pernas para três horas de fitness na academia de ginástica, almejando a perda do colesterol, mas não se sabe mais usufruir de um passeio a pé pelo bairro, pela água ou pelas pedras, quando se tiver vontade de colher uma rosa ou encontrar um amigo.

Desativação da noção dos valores afetivos, éticos e morais/sociedade dos espertos

A questão que se coloca dentro desse contexto é a seguinte: o que permanecerá na mente como modelo afetivo emocional e qual será sua consequência para a criança e para o adulto nesta nossa era do descartável, "do usa e joga fora" ou do "substitua o seu por um melhor que acabou de aparecer no mercado...?". A tecnologia, ao nos proporcionar melhores condições de vida, nos trouxe, ao mesmo tempo, uma ilusão de termos agora instrumentos poderosos para lidar com a impotência emocional e afetiva natural ao homem; este para amadurecer tem que passar por confrontos de natureza afetivo-emocional, os quais não poderão ser substituídos linearmente pelo que lhe favorece a tecnologia. Quantas mães e crianças, ultimamente, em nome de uma pretensa melhor técnica, são privadas de conhecer o ato de dar à luz ou de nascer naturalmente?

Desativação do bom senso e do uso da realidade

Embora esse fator esteja interligado a quase todos os demais fatores citados, cabe a ele uma certa especificidade. A perda do senso de realidade está relacionada tanto a contextos gerais do Social quanto àqueles individuais. No que se refere ao Social estão os projetos (as obras, as estratégias) que muitas vezes sofrem de um reducionismo antirreal, para unicamente expor uma tecnologia considerada com poder para a nação. No plano individual, talvez o fator mais proeminente da perda do bom senso e de realidade seja aquele em que o Homem desliga-se de suas próprias pulsões, nutrindo com isto um desrespeito a si mesmo. Camufla sua ignorância ou ânsia de saber desrespeitando a si mesmo, ao deixar-se levar pelo apelo da mídia, por meio de caricaturas de culturas e estereótipos de desenvolvimento, assim como de arremedos de afetividade.

Desativação ou descompasso do curso de desenvolvimento natural do homem

O descompasso do curso natural da vida imposto aos viventes encontra-se ligado a ações antiéticas de desrespeito ao individual e descaso das necessidades etárias, como assistimos no excesso de violência de informações que chegam às crianças, junto à questão do desemprego para os jovens, na desatualização dos sêniores e na substituição da vida e do elo humano pelo elo-máquina. O mesmo desrespeito encontramos na matança de civis, nas corrupções, na invasão na vida alheia (os *hackers*, por exemplo) etc. Ainda o desrespeito pode ser encontrado na pressão ou bombardeio de exigências que ultrapassam a condição normal para a absorção de estímulos que desorganizam pessoas independentemente da qualidade de sua organização/integração afetiva-emocional. Essa situação de barbárie incontrolada pode se referir a crianças, jovens ou adultos. Essas desativações das características do humano constituídas até então infiltram-se em todas as suas interações: individuais, familiares, sociais, sejam estas de pequeno ou grande alcance como aquelas que acontecem entre povos que nem ao menos conhecem as almas, as culturas com as quais estão em conflitos. Esses são movidos pelo poder, de outros interesses que não os da sobrevivência universal, mas o poder de ter mais e de aparentar poder soberano.

Ao observar-se os movimentos organizados de boa vontade pela harmonia dos povos e pela manutenção de nossa civilização, percebe-se que as "causas" profundas dos conflitos são pouco conhecidas e, portanto, pouco difundidas, caindo estes mesmos movimentos sociais nas ciladas da sociedade de consumo ou do Espetáculo: movimentos pela paz, a favor da erradicação da pobreza e dos excluídos, movimentos de ajuda às vítimas de catástrofes ambientais, movimentos pró-educação e saúde etc. Esses geralmente acontecem (para ter sucesso) com grande pompa inaugural, nos quais personalidades criadas pelo ditar da mídia são a atração principal. Um cheiro forte de interesses escusos percorrem esses espetáculos de amor falso, imposto ou negociado. Que fazer? Surge a resposta – o mundo é assim...

Ao retratar as principais transformações ocorridas na vida afetiva-racional-social dos viventes fica evidente que os valores e ideais têm um lugar preponderante nestas transformações cujas raízes estariam na indiferença afetiva que vai se difundindo, com bilhetes de ida-volta-ida... As invenções científicas/tecnológicas, a informática e a mídia mostram como o funcionamento mental do Homem pode mudar em virtude das imposições sociais. Abriram, por exemplo, um terreno para que se elimine o potencial afetivo do Homem e que este se deixe tratar apenas como uma máquina ou um número. Abro agora um espaço para pensarmos sobre a natureza e a qualidade do excesso dos estímulos e das informações oferecidos pela mídia, aos quais os viventes estão sendo submetidos em nossa organização ou contrato social contemporâneo e pós-moderno, tomando a mídia como representativa direta da mentalidade e de atmosfera social que nos cerca. Percebo-a desta maneira: o inumano travestido de humano, a materialização com disfarces de simbólico, ou ainda o antiético da barbárie em nome da cultura e do progresso. A natureza desse excesso "em vender o produto" nos leva a quê?

Excesso de amor?

Excesso de ódio?

Não. Excesso de indiferença afetiva. E isto leva o homem ao trauma, à loucura. Como diz Primo Levi (1988, p. 15) em *E isto é um homem?*

> *E lá (em Cárpi) recebemos as primeiras pancadas, o que foi tão novo e absurdo que não chegamos a sentir dor, nem no corpo nem na alma. Apenas um profundo assombro: como é que, sem raiva, pode-se bater numa criatura humana?*

A propaganda feita por Hitler foi talvez dos primeiros marcos de como a mídia pode alterar a capacidade humana de sentir e raciocinar.

O excesso é aquele que causa o trauma psíquico. Para Freud, o trauma é aquele que perdeu a qualidade de ligação e faz com que a mente não possa acionar suas condições de funcionamento. A propaganda feita pela mídia muitas vezes torna-se um fator traumatizante e castrador à medida que não corresponde à necessidade, nem mesmo ao imaginário ou ao desejável. Não leva o homem a ser possuidor ou autor de algo, mas o leva a ser aquele que apenas consome-come e defeca, como o predador. Com isto o homem se vê privado de imaginar e pensar em seus próprios sonhos e projetos. Essa privação advém, sobretudo, dos engodos dos oferecimentos da mídia para o qual a mente humana raramente está apta a assimilá-los, metabolizá-los e finalmente simbolizá-los de maneira a poder estabelecer suas prioridades de desenvolvimento. Muitas das psicopatologias contemporâneas encontram suas raízes nesse contexto dinâmico psicossocial. Esses são sintomas dos traumas ou conflitos causados pelo excesso de ativação pulsional-emocional, sem o correspondente e necessário suporte dito "materno", isto é, de envolvimento e interação humanos, que lhes empreste sentido.

> *E sem dúvida o nosso tempo... prefere a imagem à coisa, a cópia ao original, a representação à realidade, a aparência*

> *ao ser... Ele considera que a ilusão é sagrada e a verdade é profana. E mais: a seus olhos o sagrado aumenta à medida que a verdade decresce e a ilusão cresce, a tal ponto que, para ele, o cúmulo da ilusão fica sendo o cúmulo do sagrado. (Feuerbach, 1988, prefácio da segunda edição de A essência do cristianismo)*

Estes pensamentos de Feuerbach foram desenvolvidos por Guy Debord, "doutor em nada" como se definia ele, em *Sociedade do Espetáculo* (1997), livro considerado por muitos como o batismo do termo Pós-Modernidade. São tão valiosos e atuais seus pensamentos que osseleciono reproduzindo-os integralmente:

> *A primeira fase da dominação da economia sobre a vida social acarretou, no modo de definir toda realização humana, uma evidente degradação do ser para o ter. A fase atual, em que a vida social está totalmente tomada pelos resultados acumulados da economia, leva a um deslizamento generalizado do ter para o parecer, do qual todo "ter" efetivo deve extrair seu prestígio imediato e sua função última. Ao mesmo tempo, toda realidade individual tornou-se social, diretamente da força social, moldada por ela. Só lhe é permitido aparecer naquilo que ela não é. (Debord, 1997, p. 18)*
>
> *Toda a vida das sociedades nas quais reinam as modernas condições de produção se apresenta como uma imensa acumulação de espetáculos. Tudo o que era vivido diretamente tornou-se uma representação. (Debord, 1997, p. 13)*
>
> *O espetáculo não é um conjunto de imagens, mas uma relação social entre pessoas mediada por imagens. (Debord, 1997, p. 14)*

No mundo realmente invertido, a verdade é um momento do que é falso. (Debord, 1997, p. 16)

O espetáculo se apresenta como uma enorme positividade, indiscutível e inacessível. Não diz nada além de "o que aparece é bom, o que é bom aparece". A atitude que por princípio ele exige é a aceitação passiva que, de fato, ele já obteve por seu modo de aparecer sem réplica, por seu monopólio da aparência. (Debord, 1997, pp. 16-17)

A filosofia, como poder do pensamento separado e pensamento do poder separado, jamais conseguiu, por si só, superar a teologia. O espetáculo é a reconstrução material da ilusão religiosa. A técnica espetacular não dissipou as nuvens religiosas em que os homens haviam colocado suas possibilidades, desligadas deles: ela apenas os ligou a uma base terrestre. Desse modo, é a vida mais terrestre que se torna opaca e irrespirável. Ela já não remete ao céu, mas abriga dentro de si sua recusa absoluta, seu paraíso ilusório. O espetáculo é a realização técnica do exílio, para o além, das potencialidades do homem; a cisão consumada no interior do homem. (Debord, 1997, p. 18)

Toda comunidade e todo senso crítico dissolveram-se ao longo desse movimento, no qual as forças que conseguiram crescer ao se separar ainda não se encontraram. (Debord, 1997, p. 22)

O espetáculo na sociedade corresponde a uma fabricação concreta da alienação. A expansão econômica é sobretudo a expansão dessa produção industrial específica. O que cresce com a economia que se move por si mesma só pode ser a alienação que estava em seu núcleo original. (Debord, 1997, p. 24)

> *O homem separado de seu produto produz, cada vez mais e com mais força, todos os detalhes de seu mundo. Assim, vê-se cada vez mais separado de seu mundo. Quanto mais sua vida se torna produto, tanto mais ele se separa da vida. (Debord, 1997, p. 25)*
>
> *O espetáculo é o capital em tal grau de acumulação que se torna imagem. (Debord, 1997, p. 25)*

Achados diferenciais e específicos do Saber psicanalítico, que o diferencia de outras áreas do conhecimento: uma teoria da comunicação

Embora estejam todos interligados, destacaremos alguns processos e/ou mecanismos mentais que são objetos de estudo da psicanálise, talvez unicamente dela ou da psicologia profunda. Acresce-se a isso o fato de que a psicanálise não só os estuda academicamente, mas os "vê" *in modus nascendi.*

Quanto à formação da identidade do eu subjetivo e coletivo

(a) O conhecimento do inconsciente que deixa transparecer os não eus que acompanham o eu realístico; (b) a necessidade e a função da maternagem afetiva para o desenvolvimento dos potenciais humanos uma vez que estes só nascem de fato em solo da afetividade; (c) a interação do interno/externo tanto do eu como do objeto; (d) os destinos da autoestima; (e) o eu capaz de reprimir seus impulsos mais selvagens para chegar à cultura. Todos esses processos mentais são continuamente observados e vividos em nossa clínica.

Quanto ao desenvolvimento da função de simbolizar

(a) A aquisição da capacidade de pensar racional ou "afetivamente"; (b) a aquisição da linguagem e da comunicação em geral e a decorrente interferência na qualidade da captação e da percepção do mundo com seus matizes globais; (c) a própria capacidade criativa (ainda que por vezes se expresse de forma concreta) desde que esta exige pelo menos um certo afastamento do pensamento concreto; (d) a própria afetividade, enquanto necessita de um mínimo de pensamento simbólico para se libertar dos desejos e interesses puramente individuais; (e) os interesses e curiosidades científicos e culturais que necessitam de um eu ainda que minimamente simbólico.

Quanto à função de phantasiar

O poder da fantasia enquanto elemento fundamental para a sobrevivência do homem e para auxiliá-lo na expansão do seu habitat tanto mental quanto real; (b) a natureza da fantasia que pelos estudos psicanalíticos desligou-se do "divino" e do "bruxo", podendo ser vista como parte do funcionamento mental; (c) a *phantasia* com qualidade de realidade.

Em todos esses "processos" encontram-se "mecanismos" mentais descritos e sistematizados pela teoria psicanalítica e, profundamente, unicamente por ela. Alguns desses mecanismos:

1. Identificação Projetiva e Projeção: conceitos básicos para compreensão de fenômenos profundos que permeiam toda comunicação humana, sendo que para a teoria psicanalítica são a base inicial para a constituição da mente. Embora os mesmos, desde há muito, tenham sido percebidos pelos poetas, filósofos ou cientistas, nenhuma outra área de Saber dedicou-se tanto à observação e sistematização das implicações da Identificação Projetiva e da Projeção na vida mental do humano.

   Junto à identificação projetiva citamos o poder das *phantasias* que a teoria psicanalítica aprofundou. Essas substituem a realidade constantemente a partir do fato que a identificação projetiva, processo inicial da constituição da mente, é ela mesma uma *phantasia*.

2. Cisão e Negação: mecanismos que permeiam toda a vida mental, sem exceção de povo ou cultura. Esses mecanismos são de importância fundamental para conhecermos o campo ilusório no qual um sujeito pode permanecer prisioneiro desde que "o coração tem razões que a própria razão desconhece".
   O conhecimento da natureza do inconsciente levou Freud a formular e sistematizar "leis" e os seus derivativos que são de suma importância para a leitura dos conflitos do homem e dos grupos humanos.

3. Princípio do prazer e princípio da realidade: como pode o Poder Social não atender às necessidades básicas de sobrevivência, se somente com a descarga de sofrimentos insuportáveis (desvalia, por exemplo) o homem será capaz de criar e pensar, ajudando assim o processo cultural e civilizatório? Em "Além do princípio do prazer" pode-se encontrar respostas para muitas das atrocidades humanas.

4. Processo primário e processo secundário: embora esses processos sejam descritos por outras disciplinas de saber (sociologia, filosofia etc.), a interligação dos mesmos é construída por Freud. As relações humanas apresentadas por um ou outro ângulo (primário e secundário) são compreendidas de maneira diversa. A ética é um ótimo exemplo dessa complexidade de diferentes leituras de aproximação quando seus elementos organizadores acharem-se ligados às relações primárias (afetivas) e/ou secundária (racionais).

5. Formação de vínculos afetivos, contratuais e convencionais: a teoria psicanalítica também é, certamente, uma "teoria da comunicação". A capacidade para a formação de vínculos, sejam eles de natureza primária ou secundária, é, sob diferentes aspectos, amplamente refletida pela teoria psicanalítica, seja em sua constituição, seja em revezes ou fracassos.

Um desafio para a psicanálise e para os psicanalistas

Na transformação do Ser em ter-aparecer, o Saber da psicanálise foi afastado e desperdiçado. Resta-nos agora um desafio: poderemos, com nossos conhecimentos, reverter o caminho de uma humanidade que caminha para a desafetivação, isto é, que vive sob a égide do espetáculo e do ter? Que elimina de seu processo de viver o confronto consigo mesmo face às limitações de sua essência vendendo e comprando ilusões por intermédio do autoritarismo da mídia? Que se afunda na ilusão do poder das drogas, dos jogos e da violência enquanto expressões/ilusão de poder? Essas "forças" criadas pelo homem contemporâneo favorecem a sobrevivência apenas dos "poderosos" que poderão usá-las como seu poder de controle enquanto os mais fracos deixam-se levar pelo controle das ilusões?

Referências

Albernaz, L. M. B. (1998). *Eu-corpando o ego e o corpo em Freud*. Escuta.

Almeida, D. D. M. (2001). *Corpo, tecnologia, cultura*. In B. Lyra & G. André.

Athanassiou, C. (1990). Les transformations dans l'hallucinose. *Revue Française de Psychanalyse*, 53(5), 1301-1309.

Baranger, W. (1971). *Posicion y objeto en la obra de Melanie Klein*. Kargieman.

Barros, E. M. da R. (1987). *Considerações sobre um caso particular de depressão: melancolia paranoide*. Trabalho apresentado na SBPSP.

Barros, E. M. R. (1992). A situação analítica. *Ide*, 22, 18-29.

Bataille, G. (2004). *O erotismo*. Arx.

Bicudo, V. L. (1964). Persecutory guilt and ego restrictions. *International Journal of Psycho-Analysis*, 45(4), 358-363.

Bion, W. R. (1962). *Learning from Experience*. Maresfield Reprints.

Bion, W. R. (1963). *Elementos de psicanálise*. Zahar.

Bion, W. R. (1965). *Transformations*. Heinemann.

Bion, W. R. (1967). On Hallucination. In W. R. Bion, *Second Thoughts*. Heinemann.

Bion, W. R. (1970). *Attention and Interpretation*. Maresfield.

Bion, W. R. (1973). *Conferências brasileiras*. Imago.

Bion, W. R. (1979). *Clinical Seminars and Four Papers*. Fleetwood Press.

Bion, W. R. (1992). *Cogitações*. Imago.

Bion, W. R. (1996). *Uma memória do futuro. A aurora do esquecimento* (Vol. 3). Imago.

Bléandonu, G. (1990). *Bion: a vida e a obra*. Imago.

Brusset, B. (2005). Metapsicologia do vínculo e da "terceira tópica"? *Revista de Psicanálise da Sociedade Psicanalítica de Porto Alegre, 13*, 215-232.

Calvino, I. (1990). *O cavaleiro inexistente*. Companhia das Letras.

Castello, J. (1994). Prefácio. In J. F. Costa, *A ética e o espelho da cultura* (pp. 6-16). Rocco.

Chasseguet-Smirgel, J. (1992). *O ideal do ego*. Artes Médicas.

Cohn, G. (2004). Indiferença, nova forma de barbárie. In A. Novaes (Org.), *Civilização e barbárie*. Companhia das Letras.

Cortina, A. (2010). *Ética sem moral*. Martins Fontes.

Costa, J. F. (1994). *A ética e o espelho da cultura*. Rocco.

Costa, J. F. (1999). *Razões públicas, emoções privadas*. Rocco.

Costa, J. F. (2003). *Violência e psicanálise*. Graal.

Debord, G. (1997). *Sociedade do espetáculo* (E. S. Abreu, Trad.). Contraponto.

Debord, G. (1999). *Razões públicas, emoções privadas*. Rocco.

Deutsch, H. (1991). *The therapeutic process, the self, and female psychology*. Transaction Publishers.

Drummond de Andrade, C. (2011). *Antologia poética*. Record.

Ferro, A. (1993). Da alucinação ao sonho: da evacuação à tolerância à dor, análise de um pré-adolescente. *Revista Brasileira de Psicanálise, 30*(1).

Feuerbach, L. (1988). *A essência do cristianismo* (2ª ed.). Papirus.

Fornari, F. (1981). From Freud to Bion. *Rivista di Psicoanalisi, 27*(3/4).

Forrester, V. (1997). *O horror econômico*. UNESP.

França, M. O. A. F. (1979). Vivências surdas mudas. *Jornal de Psicanálise, 11*(30).

França, M. O. A. F. (1983). *Vivências surdas-mudas*. Trabalho apresentado na SBPSP.

França, M. O. A. F. (1985). *A dimensão onipotente da culpa*. Trabalho apresentado no 10° Congresso Brasileiro de Psicanálise.

França, M. O. A. F. (1987). *Um afeto chamado culpa*. SBPSP.

França, M. O. A. F. (1997). Agir, alucinar, sonhar: formulação para uma dor impossível. In M. O. A. F. França (Org.), *Bion em Ressonâncias*. Imprensa Oficial do Estado.

França, M. O. A. F. (1999). O inexorável da dor humana junto ao processo analítico. *Revista Brasileira de Psicanálise, 33*(3), 555-372.

França, M. O. A. F. (2006). *O saber da psicanálise na pós-modernidade: uso ou desperdício?* (Congresso Fepal, Lima, Peru).

França, M. O. A. F. (2007). *O afeto vincular como fundante dos valores morais*. Apresentada no XXI Congresso Brasileiro de Psicanálise.

França, M. O. A. F. (2009). *Desafios clínicos nos tempos atuais*, apresentado em Araçatuba, Congresso Interno da SBPSP.

França, M. O. A. F. (2012). As duas vias do desamparo: uma contribuição clínica. *Revista de Psicanálise da Sociedade Psicanalítica de Porto Alegre, 19*(2), 415-430.

Freud, S. (1972). Projeto de uma psicologia. In S. Freud, *Edição standard brasileira das obras psicológicas completas de S. Freud* (J. Salomão, Trad., Vol. 1). Imago (Trabalho original publicado em 1895).

Freud, S. (1972). Primeiras publicações psicanalíticas. In S. Freud, *Edição standard brasileira das obras psicológicas completas de S. Freud* (J. Salomão, Trad., Vol. 3). Imago (Trabalho original publicado em 1897).

Freud, S. (1972). Totem e tabu. In S. Freud, *Edição standard brasileira das obras psicológicas completas de S. Freud* (J. Salomão, Trad., Vol. 13). Imago (Trabalho original publicado em 1912).

Freud, S. (1988). Métapsychologie. In S. Freud, *Oeuvres Complètes* (Vol. 13). PUF (Trabalho original publicado em 1915).

Freud, S. (1972). Além do princípio do prazer. In S. Freud, *Edição standard brasileira das obras psicológicas completas de S. Freud* (J. Salomão, Trad., Vol. 14). Imago (Trabalho original publicado em 1921).

Freud, S. (1972). A dissolução do complexo de Édipo. In S. Freud, *Edição standard brasileira das obras psicológicas completas de S. Freud* (J. Salomão, Trad., Vol. 19). Imago (Trabalho original publicado em 1923).

Freud, S. (1972). O ego e o id. In S. Freud, *Edição standard brasileira das obras psicológicas completas de S. Freud* (J. Salomão, Trad., Vol. 14). Imago (Trabalho original publicado em 1923).

Freud, S. (1972). O sentimento de culpa inconsciente. In S. Freud, *Edição standard brasileira das obras psicológicas completas de S. Freud* (J. Salomão, Trad., Vol. 19). Imago (Trabalho original publicado em 1925).

Freud, S. (1972). Um estudo autobiográfico, Inibições, sintomas e ansiedade, Análise leiga e outros trabalhos. In S. Freud, *Edição standard brasileira das obras psicológicas completas de S. Freud* (J. Salomão, Trad., Vol. 20). Imago (Trabalho original publicado em 1926).

Freud, S. (1972). O futuro de uma ilusão, o Mal-estar na civilização e outros trabalhos. In S. Freud, *Edição standard brasileira das obras psicológicas completas de S. Freud* (J. Salomão, Trad., Vol. 21). Imago (Trabalho original publicado em 1931).

Freud, S. (1974). Moisés e a religião monoteísta, Esquema da psicanálise e outras obras. In S. Freud, *Edição standard brasileira das obras psicológicas completas de S. Freud* (J. Salomão, Trad., Vol. 23). Imago (Trabalho original publicado em 1937).

Freud, S. (1969). Inibição, sintoma e angústia. In S. Freud, *Edição standard brasileira das obras psicológicas completas de S. Freud* (J. Salomão, Trad., Vol. 20). Imago (Trabalho original publicado em 1926).

Freud, S. (1972). O mal-estar na civilização. In S. Freud, *Edição standard brasileira das obras psicológicas completas de S. Freud* (J. Salomão, Trad., Vol. 21). Imago (Trabalho original publicado em 1930).

Freud, S. (1972). Primeiras publicações psicanalíticas. In S. Freud, *Edição standard brasileira das obras psicológicas completas de S. Freud* (J. Salomão, Trad., Vol. 3). Imago (Trabalho original publicado em 1899).

Freud, S. (1972). Além do princípio de prazer, Psicologia de Grupo e outros trabalhos. In S. Freud, *Edição standard brasileira das obras psicológicas completas de S. Freud* (J. Salomão, Trad., Vol. 18). Imago (Trabalho original publicado em 1923).

Freud, S. (1972). Estudos sobre a histeria. In S. Freud, *Edição standard brasileira das obras completas de Sigmund Freud* (Vol. 2). Imago (Trabalho original publicado em 1893-1895).

Freud, S. (1972). Conferências introdutórias sobre psicanálise (Partes I e II). In S. Freud, *Edição standard brasileira das obras psicológicas completas de S. Freud* (J. Salomão, Trad., Vol. 15). Imago (Trabalho original publicado em 1915).

Freud, S. (1972). O caso Schreber: artigos sobre sua técnica e outros trabalhos. In S. Freud, *Edição standard brasileira das obras psicológicas completas de S. Freud* (J. Salomão, Trad., Vol. 4). Imago (Trabalho original publicado em 1912).

Freud, S. (1972). Estudos sobre a histeria. In S. Freud, *Edição standard brasileira das obras psicológicas completas de S. Freud* (J. Salomão, Trad., Vol. 2). Imago (Trabalho original publicado em 1895).

Freud, S. (1972). O ego e o id e outros trabalhos. In S. Freud, *Edição standard brasileira das obras psicológicas completas de S. Freud* (J. Salomão, Trad., Vol. 19). Imago (Trabalho original publicado em 1923).

Freud, S. (1972). O futuro de uma ilusão, O mal-estar na civilização e outros trabalhos. In S. Freud, *Edição standard brasileira das obras psicológicas completas de S. Freud* (J. Salomão, Trad., Vol. 18). Imago (Trabalho original publicado em 1931).

Freud, S. (1972). A interpretação dos sonhos. In S. Freud, *Edição standard brasileira das obras psicológicas completas de S. Freud* (J. Salomão, Trad., Vols. 4 e 5). Imago (Trabalho original publicado em 1900).

Freud, S. (1972). Moisés e o monoteísmo, Esboço de psicanálise e outros trabalhos. In S. Freud, *Edição standard brasileira das obras psicológicas completas de S. Freud* (J. Salomão, Trad., Vol. 23). Imago (Trabalho original publicado em 1939).

Freud, S. (1979). O inconsciente. In S. Freud, *Edição standard brasileira das obras psicológicas completas de S. Freud* (J. Salomão, Trad., Vol. 14). Imago (Trabalho original publicado em 1915).

Freud, S. (1982). *Correspondência de amor e outras cartas*. Nova Fronteira.

Freud, S. (1990). O futuro de uma ilusão. O mal-estar da civilização e outros trabalhos. In S. Freud, *Edição standard brasileira das obras psicológicas completas de S. Freud* (J. Salomão, Trad., Vol. 21). Imago (Trabalho original publicado em 1927-1931).

Freud, S. (1990). Psicologia de grupo e a análise do ego. In S. Freud, *Edição standard brasileira das obras psicológicas completas de S. Freud* (J. Salomão, Trad., Vol. 18, pp. 89-179). Imago (Trabalho original publicado em 1921).

Freud, S. (1990). Totem e Tabu. In S. Freud, *Edição standard brasileira das obras psicológicas completas de S. Freud* (J. Salomão, Trad., Vol. 13, pp. 13-163). Imago (Trabalho original publicado em 1914).

Freud, S. (1996). Sobre o narcisismo. In S. Freud, *Edição standard brasileira das obras psicológicas completas de S. Freud* (J. Salomão, Trad., Vol. 14, pp. 77-108). Imago (Trabalho original publicado em 1914-1916).

Giddens, A. (2002). *Modernidade e identidade*. Jorge Zahar.

Goldberg, J. (1985). *La culpabilité – axiome de la psychanalyse*. PUF.

Green, A. (1983). *Narcissisme de vie, narcissisme de mort*. Paris: Minuit.

Green, A. (1988). *Narcisismo de vida, narcisismo de morte*. (C. Berliner, Trad.). Escuta.

Green, A. (1993). *Le travail du négatif*. Minuit.

Green, A. (1995). Sexualidade tem algo a ver com psicanálise? *Livro Anual de Psicanálise, 11*.

Green, A. (2002). *Idées directrices pour une psychanalyse contemporaine*. PUF.

Grinberg, L. (1992). Sonhos e acting out. *Revista Brasileira de Psicanálise, 26*(3).

Grotstein, J. (1981). *Splitting and Projective Identification*. Jason Aronson.

Grotstein, J. (1981). Wilfred R. Bion. The Man, The Psychoanalyst, The Mystic. A perspective on his life and work. In J. Grotstein, *Do I Dare Disturb the Universe?* Caesura Press.

Guidens, A. (2002). *Modernidade e identidade*. Jorge Zahar.

Heimman, P. (1969). Uma combinação de mecanismos de defesa em estados paranoides. In *Novas tendências na psicanálise*. Zahar.

Joseph, B. (1977). El paciente de espués acceso. In L. Grinberg, *Practicas psicoanalíticas comparadas uma laespuésis*. Paidós.

Joseph, B. (1981). Hacia la experiencia del dolor psíquico. *Revista de Psicoanálisis, 3*(2/3).

Joseph, B. (1982). Addiction to near-death. *Int. J. Psychoanalysis, 63*, 449-456.

Junqueira Filho, L. C. U. (1992). Da esfinge ao Oráculo: sobre a função do sonhar na gênese do pensamento. *Revista Brasileira de Psicanálise, 26*(3).

Kanner, L. (1943). Autistic disturbances of affective contact. *Nervous Children, 2*, 217-250.

Klein, M. (1935). A contribution to the psychogenesis of maniac-depressive states. In M. Klein, *Writings of Melanie Klein* (Vol. 1). Hogarth Press.

Klein, M. (1946). Notes on some schizoid mechanisms. In M. Klein, *Writings of Melanie Klein* (Vol. 3). Hogarth Press.

Klein, M. (1948). On the theory of anxiety and guilt. In M. Klein, *Writings of Melanie Klein* (Vol. 3). Hogarth Press.

Klein, M. (1955). On Identification. In M. Klein, *Writings of Melanie Klein* (Vol. 1). Hogarth Press.

Klein, M. (1957). Envy and gratitude. In M. Klein, *Writings of Melanie Klein* (Vol. 3). Hogarth Press.

Klein, M. (1960). A note on depression in the schizophrenic. In M. Klein, *Writings of Melanie Klein* (Vol. 3). Hogarth Press.

Klein, M. (1961). Narrative of a child analysis. In M. Klein, *Writings of Melanie Klein* (Vol. 4). Hogarth Press.

Klein, M. (1969). Notas sobre alguns mecanismos esquizoides. In M. Klein, *Os progressos da psicanálise* (pp. 313-343). Zahar.

Klein, M. (1984-1986). *The Writings of Melanie Klein* (Vols. 1, 2, 3 e 4). Hogarth Press.

Klein, M., Heimann, P., Isaacs, S., & Riviere, J. (1969). *Os progressos da psicanálise* (cap. 3, p. 79). Zahar.

Levi, P. (1988). *E isto é um homem?* (2ª ed.). Rocco.

Mahler, M. (1983). *As psicoses infantis e outros estudos.* (H. Mascarenhas de Souza, Trad.). Artes Médicas.

Marucco, N. C. (1996). Édipo, castração e fetiche: uma revisão da teoria psicanalítica da sexualidade. *Revista Brasileira de Psicanálise, 30*(3), 547-553.

Meltzer, D. (1967). *The Psycho-Analytical Process.* Clunie Press.

Meltzer, D. (1978). *The Kleinian Development I, II, III.* Clunie Press.

Meltzer, D. (1983). *Vida onírica humana, revisión de la teoría y de la técnica psicoanalítica.* Tecnipublicaciones.

Meltzer, D. (1984). Identification projective et contenant-contenu. Bion en relation avec la situation analytique. *Revue Francaise de Psychanalyse, 2*, 541-551.

Meltzer, D. (1986). El proceso psicanalítico veinte años después, el marco del encuentro analítico y la recoléccion de la transferência. In D. Meltzer, *Sinceridad y otras obras escogidas.* Spatia.

Meltzer, D. (1987). *Dream Life.* Clunie Press.

Meltzer, D. (1990). *Metapsicología ampliada.* Spatia.

Meltzer, D. (1992). *Claustrum.* Spatia.

Meltzer, D. (1992). Além da consciência. *Revista Brasileira de Psicanálise, 26*(3).

Mezan, R. (1987). *Freud: a trama dos conceitos.* Perspectiva.

Moguillansky, R. (2000). A propósito de la interface teórica Freud-Meltzer. *Rev. de Psicoanálisis, 8.*

Money-Kyrle, R. (1967). Cognitive Development. In R. Money-Kyrle, *Do I dare disturb the universe?* Caesura Press.

Morin, E. (2015). *Introdução ao pensamento complexo.* Instituto Piaget.

Nietzsche, F. (2009). Ao Deus desconhecido. In L. Boff, *Tempo de transcendência: o ser humano como um projeto infinito* (pp. 44-45, 1ª ed.). Vozes.

Nosek, L. (1996). Pensamento e sexualidade. *Revista Brasileira de Psicanálise, 30*(4), 773-790.

Novaes, A. (Org.). (2004). *Civilização e barbárie.* Companhia das Letras.

Novais, F., & Schwarcz, L. (1997). *História da vida privada no Brasil* (Vol. 4). Companhia das Letras.

Ogden, T. H. (1986). *La matriz de la mente. Las relaciones de objeto y de diálogo psicoanalítico*. Julián Yébenes.

Ogden, T. H. (1994). O terceiro analítico: trabalhando com fatos clínicos intersubjetivos. In T. H. Ogden, *Os sujeitos da psicanálise* (pp. 57-93). Casa do Psicólogo.

Ogden, T. H. (1996). *Os sujeitos da psicanálise* (C. Berliner, Trad.). Casa do Psicólogo.

Paz, O. (1994). *A dupla chama: amor e erotismo*. Siciliano.

Pessoa, F. (1996). Poesias. In S. T. Cassal (Org.), *Coleção Pocket L&PM*. L&PM.

Rezende, A. M. de (1993). *Bion e o futuro da psicanálise*. Papirus.

Riviere, J. (1936). A contribution to the analysis of the negative therapeutic reaction. *International Journal of Psycho-Analysis, 17*, 304-320.

Rocha, Z. (1999). Desamparo e metapsicologia – para situar o conceito de desamparo no contexto da metapsicologia freudiana. *Síntese Revista de Filosofia, 26*(86), 331-344.

Rosenfeld, H. (1965). *Os estados psicóticos*. Zahar.

Rouanet, S. P. (1993). *Mal-estar na modernidade*. Companhia das Letras.

Rouanet, S. P. (2003). As duas culturas. In M. O. A. F. França (Org.), *Freud, a cultura judaica e a modernidade*. Senac.

Sandler, J., & Sandler, A. M. (1987). The past unconscious, the present and the vicissitudes of guilt. *International Journal of Psycho-Analysis, 68*, 331-341.

Santa Rosa, D. (1997). *Édipo e cultura – narcisismo e culpa*. Trabalho apresentado no 16º Congresso Brasileiro de Psicanálise.

Sartre, J. P. (2007). *Entre quatro paredes* (A. Araújo, P. Hussak, Trads., 3ª ed.). Civilização Brasileira.

Segal, H. (1952). A psychoanalytic contribution to aesthetics. *International Journal of Psycho-analysis, 16*.

Segal, H. (1957). Notes on symbol formation. *International Journal of Psycho-analysis, 38*.

Smith, C. M. (1998). An interview with Donald Meltzer. *Journal of Melanie Klein and Object Relations, 16*(2).

Sorokin, P. A. (1968). *Sociedade, cultura e personalidade* (Vol. 1). Porto Alegre.

Spillius, E. B. (1979). Clinical reflections on the negative therapeutic reaction. *European Psychoanalytic Federation Bulletin, 15*.

Spillius, E. B. (1983). Some developments from the work of Melanie Klein. *International Journal of Psycho-analysis, 64*, 321-332.

Steuerman, E. (2003). *Os limites da razão: Habermas, Lyotard, Melanie Klein e a racionalidade*. Imago.

Tustin, F. (1986). *Autistic Barriers in Neurotic Patients*. Karnac.

Valladares, M. S. R. M. (1997). *Sexualidade e cultura*. Trabalho apresentado no 16º Congresso Brasileiro de Psicanálise.

Williams, M. H. (1998). The Aesthetic Perspective in the Work of D. Meltzer. *Journal of Melanie Klein and Object Relations, 16*(2).

Winnicott, D. W. (1975). *O brincar e a realidade*. Imago.

Winnicott, D. W. (1982). Psicanálise do sentimento de culpa. In D. W. Winnicott, *O ambiente e os processos de maturação – estudos sobre a teoria do desenvolvimento emocional*. Artes Médicas.

Winnicott, D. W. (1990). *A natureza humana*. Imago (Trabalho original publicado em 1954).